# ΤΟΠΟΙ

ORIENT - OCCIDENT

*Souvenirs des Cyclades*

**Supplément 17**
**2021**

*Ouvrage édité par*

*la Société des Amis de la Bibliothèque Salomon Reinach*
*et l'École française d'Athènes*


Maison de l'Orient et de la Méditerranée — Jean Pouilloux
5/7 rue Raulin, F-69365 Lyon Cedex 07, France
marie-francoise.boussac@mom.fr

www.topoi.mom.fr
http://www.persee.fr/collection/topoi



ISSN: 1764-0733
ISBN: 978-2-86958-560-7

*Illustration de couverture*: Figurine cycladique provenant de Kéros (début du IVe millénaire av. J.-C.). Photo de l'auteur.

*Topoi* **Supplément 17**

# SOUVENIRS DES CYCLADES

**par Photini Zaphiropoulou**

traduit du grec moderne par R. et Fr. Étienne

## Sommaire

# AVANT-PROPOS

Une première édition de ces mémoires a été donnée en grec aux Εκδόσεις σήμα en 2007 sous le titre *Δια Σύρον, Πάρον, Νάξον, Ιον, Οίαν-Θήραν, Αθήνα.* Nous devons au fondateur de ces éditions, Vélissarios Anagnostopoulos, ami de longue date, l'autorisation de les publier en français pour faire partager à ceux qui ne liraient pas le grec moderne la joie de découvrir la Grèce « d'avant l'Europe » pour laquelle Mme Photini Zaphiropoulou a, comme nous-mêmes, un certain penchant. Nous avons enrichi la première édition de photos, tirées des archives personnelles de Photini Zaphiropoulou, et fabriqué un dictionnaire biographique, bien utile pour situer ceux que l'on croise en lisant ces pages. C'est toute la société grecque que l'on traverse. Même si cette nostalgie ne nous empêche pas de voir les progrès accomplis, et ceux qui restent à faire, laissons-nous rêver des paysages et enivrer par les parfums que nous découvrions en arrivant en Grèce dans les années soixante/soixante-dix.

Les Zaphiropoulos ont « régné » sur les Cyclades où ils ont construit des musées et ouvert de nombreuses fouilles. Nous leur sommes redevables de conditions de travail bien agréables, qui ont permis des avancées importantes d'un point de vue scientifique. On retrouvera cette atmosphère de fouilles menées dans des conditions parfois archaïques dans les pages de ces mémoires qui parlent plus de la Grèce que de l'archéologie. Madame Zaphiropoulou est un grand savant comme le montre sa bibliographie, mais c'est surtout sa sensibilité qui fait le prix de ces souvenirs.

Pour cette publication en français, nous avons été aidés par notre fille, Emmanuelle Étienne pour la mise en page, que Jean-Baptiste Yon a adaptée aux normes de la collection. Marie-Françoise Boussac, notre condisciple à l'École française dans les années soixante-dix, a relu le manuscrit et lui a trouvé une place dans la collection de *Topoi* qu'elle dirige. Photini Zaphiropoulou a relu elle-même la version française, elle qui maîtrise si bien notre langue, et Alexandra Ageletaki, sa filleule, l'a aidée à fouiller dans ses archives pour y retrouver les photographies.

Nous avons laissé à ces photographies une allure d'archives personnelles, privilégiant les gens et les paysages plus que les données de l'archéologie.

Que soient remerciés tous ceux qui ont contribué à cette publication qui sent si bon la Grèce des années soixante-dix.

Fr. et R. Étienne

# BIOGRAPHIE ET BIBLIOGRAPHIE

Photini Zaphiropoulou est née à Athènes en 1931. Elle a fait des études d'archéologie au département d'archéologie et d'histoire de l'Université Capodistria d'Athènes, dont elle est sortie diplômée en 1959.

Elle a été employée trente-cinq ans comme archéologue au Service archéologique et a fait une thèse à l'Université de Thessalonique sur « Les problèmes méthodologiques de la céramique mélienne ».

Elle est diplômée en français de l'Institut Français et en anglais du British Institute en 1959. Elle parle aussi couramment l'allemand et l'italien.

Sa carrière au Service archéologique (aujourd'hui Division du Ministère grec de la Culture) a débuté en 1959 et a duré jusqu'en 1995, dans les emplois suivants :

– Acropole (1960-février 1961), Thessalonique (mars 1961-novembre 1963), Cyclades et Samos (novembre 1963-mai 1973).

– comme directrice (Éphore) des antiquités : Delphes et l'Étolie-Acarnanie (juin 1973-novembre 1976), Cyclades et Samos (novembre 1976-septembre 1979), direction des Collections privées (septembre 1979-février 1981), Cyclades et Samos (février 1981-mars 1995).

Elle a conduit de nombreuses fouilles et a supervisé l'entretien des collections dans seize musées des Cyclades et deux à Samos-Icaria. Elle a fait inscrire au patrimoine mondial de l'humanité (Unesco) dix-huit sites archéologiques des Cyclades (Délos, Naxos, Samos, Paros, Théra, Milos).

Son œuvre scientifique montre l'étendue de ses centres d'intérêts qui vont du quatrième millénaire av. J.-C. à la fin de l'Antiquité (IIIe-IVe s. apr. J.-C.) : coutumes funéraires et cimetières de la période cycladique, géométrique et archaïque, production céramique des Cyclades géométriques et archaïques, sculptures et sculpteurs de la période archaïque et classique. Elle a géré les monuments et sites protégés des Cyclades.

Savant internationalement reconnue, elle a donné de nombreuses conférences et a été faite officier de l'Ordre des Arts et Lettres par la France.

---

### *Choix de publications*

ZAPHIROPOULOU Ph., « Πρωτοκυκλαδικά ειδώλια της Νάξου », *in Στήλη. Τόμος εις μνήμην Νικολάου Κοντολέοντος*, Athènes, Somateio ton filon tou Nikolaou Kontoleontos (1980), p. 532-540.

ZAPHIROPOULOU Ph., « Γεωμετρικά Αγγεία από τη Νάξο », *ASAtene* 61 (1983), p. 121-135.

ZAPHIROPOULOU Ph., « Un cimetière du Cycladique ancien à Epano Kouphonissi », *in* G. ROUGEMONT (éd.), *Les Cyclades. Matériaux pour une étude de géographie historique*, Paris, Éditions du CNRS (1983), p. 81-87.

ZAPHIROPOULOU Ph., « The chronology of the Kampos group », *in* J.A. MC GILLIVRAY et R.L.N. BARBER (éds), *The Prehistoric Cyclades, Contributions to a workshop on Cycladic Chronology*, Édimbourg, University of Edinburgh (1984), p. 31-40.

ZAPHIROPOULOU Ph., Προβλήματα τῆς μηλιακῆς ἀγγειογραφίας, Athènes, Βιβλιοθηκη της εν Αθηναις Αρχαιολογικης εταιρειας 101 (1985).

ZAPHIROPOULOU Ph., *Naxos. Monuments and Museums*, Athènes, Krènè Publications (1988).

ZAPHIROPOULOU Ph., « Ο Γεωμετρικός οικισμός Δονούσας », *in Ίδρυμα Ν Γουλανδρή Μουσείο Κυκλαδικής Τέχνης. Διαλέξεις, 1986-1989*, Athènes (1990), p. 43-54.

ZAPHIROPOULOU Ph., « Πολιτιστικές σχέσεις Νάξου με Ρόδο », *in* J. PROMPONAS et S. PSARRAS (éds), *Πρακτικά του Α΄ Πανελληνίου Συνεδρίου με θέμα "Η Νάξος δια μέσου των αιώνων" Φιλώτι -7 Σεπτεμβρίου 1992*, Athènes, Κοινότητα Φιλωτίου (1994), p. 229-261.

ZAPHIROPOULOU Ph., « Une nécropole à Paros », *in* J. DE LA GENIÈRE (éd.), *Nécropoles et sociétés antiques (Grèce, Italie, Languedoc), Cahiers du Centre Jean Bérard* 18 (1994), p. 127-152.

ZAPHIROPOULOU Ph., « La relation entre l'Héraion et la ville de Samos », *in* J. DE LA GENIÈRE (dir.), *Héra. Images, espaces, cultes*, Naples, Publications du Centre Jean Bérard, Collection du Centre Jean Bérard 15 (1997), p. 151-162.

ZAPHIROPOULOU Ph., *Δηλος, Μαρτυρίες από τα μουσειακά εκθέματα*, Athènes, Adam editions (1998).

ZAPHIROPOULOU Ph., « I due "Polyandria" dell'antica necropoli di Paros », *AION – Sez. Archeologia e storia antica* NS 6 (1999), p. 13-24.

ZAPHIROPOULOU Ph., « Parische Skulpturen », *Antike Plastik* 27 (2000), p. 7-35.

ZAPHIROPOULOU Ph., « Το αρχαίο νεκροταφείο της Πάρου στη γεωμετρική και αρχαϊκή εποχή », *AE* (2000), p. 283-293.

ZAPHIROPOULOU Ph., « Καύσεις στις γεωμετρικές Κυκλάδες. Οι περιπτώσεις της Νάξου και τής Πάρου », *in* N. STAMPOLIDIS (éd.), *Καύσεις στην Εποχή του Χαλκού και την Πρώιμη Εποχή του Σιδήρου, Ρόδος, 29 Απριλίου – 2 Μαίου 1999*, Athènes (2001), p. 285-299.

ZAPHIROPOULOU Ph., « Un petit *kouros* parien », *in* C. MÜLLER et F. PROST (éd.), *Identités et cultures dans le monde méditerranéen antique*, Paris, Publications de la Sorbonne (2002), p. 103-112.

ZAPHIROPOULOU Ph., *La Céramique "mélienne"*, *EAD* 41, Athènes, Paris, EFA (2003).

ZAPHIROPOULOU Ph., « Κορμός κόρης στο Μουσείο της Πάρου », *in Επιτύμβιον Gerhard Neumann*, Athènes, Benaki Museum (2003), p. 91-100.

ZAPHIROPOULOU Ph., A. AGELARAKIS, « Warriors of Paros: Soldiers' Burials Offer Clues to the Rise of Classical Greek City-States », Archaeological Institute of America, *Archaeology Magazine* 58/1 (2005), p. 30-35.

ZAPHIROPOULOU Ph., *Masterpieces of Ancient Greek Sculpture*, Athènes, Melissa Publishing House (2005).

ZAPHIROPOULOU Ph., « Geometric battle scenes on vases from Paros », *in* E. RYSTEDT et B. WELLS (éds), *Pictorial Pursuits. Figurative painting on Mycenaean and Geometric pottery*. Papers from two seminars at the Swedish Institute at Athens in 1999 and 2001, Stockholm (2006), p. 271-277.

ZAPHIROPOULOU Ph., « Ταξιδεύοντας στον χρόνο. Χερσαίοι και θαλάσσιοι δρόμοι στο πρώιμο Αιγαίο », *in* N. STAMPOLIDIS (éd.), *Γενέθλιον*, Ίδρυμα Ν. Π. Γουλανδρή - Μουσείο Κυκλαδικής Τέχνης, Athènes (2006), p. 63-72.

ZAPHIROPOULOU Ph., *Δια Σύρον, Πάρον, Νάξον, Ίον, Οίαν – Θήραν*, Athènes, Sema editions (2007).

ZAPHIROPOULOU Ph., *Delos monuments and Museum*, Athènes, Krene editions (2007) [1983].

ZAPHIROPOULOU Ph., « Early Bronze Age Cemeteries of the Kampos group on Ano Koufonisi », *in* N. BRODIE *et al.* (éds), *Horizon, A colloquium on the prehistory of the Cyclades*, Cambridge, McDonald Institute for Archaeological Research (2008), p. 183-194.

ZAPHIROPOULOU Ph., « Ζωγραφική και ποίηση στην εποχή του Αρχιλόχου », *in* D. KATSONOPOULOU, I. PETROPOULOS, S. KATSAROU (éds), *Paros II*. Ο Αρχίλοχος και η εποχή του / *Archilochos and his Age*, Athènes, The Paros and Cyclades Institute of Archaeology (2008), p. 343-363.

ZAPHIROPOULOU Ph., « The Tumulus necropolis at Tsikalario on Naxos », *AION – Sez. Archeologia e Storia Antica*, NS 15-16 (2008-2009), p. 49-56.

ZAPHIROPOULOU Ph., « Tombes d'enfants dans les Cyclades : les cas de Naxos et de Paros », *in* A.-M. GUIMIER-SORBETS et Y. MORIZOT (dir.), *L'Enfant et la mort dans l'Antiquité* 1. *Nouvelles recherches dans les nécropoles grecques. Le signalement des tombes d'enfants*, Paris, De Boccard (2010), p. 243-250.

ZAPHIROPOULOU Ph., A. GEORGIADOU, Λιθοβούνι Μακρυνείας, Νεκροταφείο κλασικής και ελληνιστικής εποχής και ευρημάτα μυκηναϊκού τάφου, Thessalonique, University Studio Press (2010).

ZAPHIROPOULOU Ph., «Νέα στοιχεία από τη Γεωμετρική Νάξο. Το Νεκροταφείο στη θέση Πλίθος της Χώρας», *in* A. MAZARAKIS AINIAN (éd.), *The "Dark Ages" Revisited, Acts of an International Symposium in Memory of William D.E. Coulson, University of Thessaly, Volos, 14-17 June 2007*, Volos (2011), p.733-743.

ZAPHIROPOULOU Ph., M. STAVOPOULOU-HATZI, G. STAMATIS, *Τριχόνειον-Ἄκραι-Μέταπα, Αιτωλών πόλεις*, Athènes, Sema editions (2011).

ZAPHIROPOULOU Ph., «Ανάγλυφο αυστηρού ρύθμού από το αρχαίο νεκροταφείο της Πάρου», *in* A. DELIVORRIAS, G. DESPINIS, A. ZARKADAS (éds), *Έπαινος Luigi Beschi*, Athènes, Benaki Museum (2011), p.133-140.

ZAPHIROPOULOU Ph., «Keramik in und aus Ionien», *Antike Welt* 6 (2012), p.63-69.

ZAPHIROPOULOU Ph., *Naxos. Monuments and Museums*, Athènes, Krene Editions (2013) [1988].

ZAPHIROPOULOU Ph., «Παιδικές ταφές στη Νάξο των γεωμετρικών χρόνων», *in* J. PROMPONAS et S. PSARRAS (éds), *Πρακτικά του Δ' Πανελληνίου Συνεδρίου με θέμα "Η Νάξος δια μέσου των αιώνων", Κωμιακή 4-7 Σεπτεμβρίου 2008*, Athènes (2013), p.71-76.

ZAPHIROPOULOU Ph., «Η γλυπτική στην Πάρο πριν από τον Σκόπα», *in* D. KATSONOPOULOU, A. STEWART (éds), *Paros III*, Ο Σκόπας και ο κόσμος του / *Skopas of Paros and his world*, Athènes, The Paros and Cyclades Institute of Archaeology (2013), p.77-90.

ZAPHIROPOULOU Ph., «Η συμβολή των Μικρών Κυκλάδων στην Ανάπτυξη του Πρωτοκυκλαδικού Πολιτισμού», *in* N. STAMPOLIDIS (éd.), *Κυκλαδική Κοινωνία, 5000 χρόνια πριν*, Athènes, Musée d'Art cycladique (2016), p.121-128.

ZAPHIROPOULOU Ph., «The complete canonical sculpture of Spedos variety from Dhaskalio Kavos on Keros», *in* M. MARTHARI, C. RENFREW, M.J. BOYD (éds), *Early Cycladic Sculpture in Context*, Oxford – Philadelphie, Oxbow Books (2017), p.335-344.

ZAPHIROPOULOU Ph., «Archaeologikon Prolegomenon», *in* A. AGELARAKIS, *Parian Polyandreia: The Late Geometric Funerary Legacy of Cremated Soldiers' Bones, on Socio-Political Affairs and Military Organizational Preparedness in Ancient Greece*, Oxford, Archaeopress (2017), p.1-10.

ZAPHIROPOULOU Ph., «Μελετώντας τον γεωμετρικό οικισμό της Δονούσας», *in* P. TRIANTAPHYLLIDIS (éd.), *Το Αρχαιολογικό Έργο στα νησιά του Αιγαίου, Διεθνές Επιστημονικό Συνέδριο Ρόδος 27 Νοεμβρίου- 1 Δεκεμβρίου 2013*, Mytilène (2017), p.437-443.

ZAPHIROPOULOU Ph., «Πάρος : Πόλη Πολιτειακά Αναπτυγμένη από τον 8ο αι.π.Χ. έως την Ύστερη Αρχαιότητα», *in* D. KATSONOPOULOU (éd.), *Paros IV, Η Πάρος και οἱ αποικιές της / Paros and its colonies*, Athènes, Institute for Archaeology of Paros and the Cyclades (2018), p.65-76.

*Fig. 1a* – Myconos, Chôra, vue générale de l'Ouest (années 1960/1970).

# PREMIER CONTACT AVEC MYCONOS (au début de l'été ou à la fin du printemps de 1956-1957)

Les bateaux de ligne quittaient le Pirée vers 1 h de l'après-midi et arrivaient à Myconos à 11 h du soir environ après avoir fait escale à Syros, Tinos et avant de continuer vers Icaria et Samos : il a fallu attendre les années soixante-dix pour que soient mis en service des voyages aller-retour en un seul jour.

Notre groupe d'étudiants insouciants, en excursion universitaire sous la stricte surveillance de ses professeurs, arriva à Myconos par un soir radieux, au clair de lune qui mettait en relief les étranges maisons blanches qui poussaient clairsemées sur les pentes arides qui scintillaient à la lumière de la lune. Ce régal prit fin peu de temps après avec les progrès de la « civilisation » quand la lumière électrique ne s'éteignait plus de 9 h du soir au lendemain matin.

Les hôtels étaient au nombre de trois : le « Délos » à l'autre bout de la plage, là où nous débarquions – car, bien sûr nous arrivions en barque au môle, devant St Nikolaki – ; le « Lito » un peu plus loin vers Kamnaki (c'est-à-dire *kaminaki* où autrefois on fabriquait de la céramique commune), près du musée au milieu de la plage ; « l'Apollon » de Varnalis.

Je ne sais pas où on a logé nos professeurs. Pour nous on ouvrit la Capitainerie, deux ou trois grandes maisons, dont celle des frères Kounenis sur la route de la Métropole avec un bel ameublement ancien, de magnifiques pièces intérieures où l'on nous fit des lits avec les draps de la maison, les uns brodés, les autres ornés de dentelles faites à la main.

Notre première balade ce soir-là fut de monter aux moulins ; nous suivîmes, derrière le « Lito », un sentier magique qui semblait sortir d'un rêve au clair de lune et nous eûmes devant nous un spectacle que j'ai encore dans les yeux et qui est perdu pour toujours, je le crains (sauf si une coupure de courant coïncide avec un soir de pleine lune, et encore ! Toutes les antennes, chauffe-eau solaires et autres machines modernes ont totalement dénaturé le paysage). Les maisons de la Chôra de Mykonos, qui s'étendaient depuis les moulins d'Alefkandra jusqu'au-delà du Lito (*Fig.1a-b*) et du musée, surgissaient d'une auréole argentée qui scintillait curieusement et dont les contours se confondaient avec ceux de la mer, nous donnant la sensation que nous vivions des moments irréels et uniques. L'excursion à Délos et le séjour que nous y fîmes nous procurèrent les plus fortes émotions que nous ayons connues jusqu'alors, pour nous qui étions en majorité des enfants des villes. Le musée et le site étaient à peu près dans le même état qu'au début du siècle, avec encore la magie de l'époque héroïque de l'archéologie.

À la fin de l'excursion universitaire, notre groupe, une dizaine de personnes, décida de poursuivre avec le bateau de ligne jusqu'à Samos pour voir l'Héraion ; mais comme l'itinéraire passait par Icaria, nous nous y arrêtâmes. Bien sûr, à partir de là, nous avions tous l'impression que peut avoir quelqu'un qui fait un safari tout seul dans la jungle. Le premier soir, nous avons dormi tous ensemble, tout habillés, dans des pièces que personne ne pourrait qualifier de chambres à coucher, et, le soir suivant, sur la plage en attendant le lever du jour et l'arrivée du bateau pour Samos. Comme nous voulions bien voir Icaria, d'un point de vue archéologique, nous considérâmes comme essentiel la côte nord de cette très belle île, mais particulièrement escarpée, où il n'y avait pas de route carrossable entre le Nord et le Sud. Nous louâmes donc une barque pour aller d'Hagios Kirikos à Na, situé à peu près au milieu de la côte nord, un endroit magnifique où avait été fondé un sanctuaire d'Artémis Tauropole. L'excursion, qui dura toute une journée, nous coûta de grandes souffrances morales, mais fut une expérience inoubliable des conditions de navigation dans l'Égée, plus particulièrement dans la mer icarienne où les Anciens avaient situé, non sans raison, la chute d'Icare.

À Samos, nous débarquâmes à Vathy, une jolie ville aristocratique avec de superbes maisons néoclassiques, qui accueillaient le visiteur quand il arrivait lentement dans le port. Tigani (Tgan dans le dialecte local) n'était pas encore devenue Pythagorion, lieu de vacances bien connu dans l'Égée. C'était un petit port de pêche, dans un golfe à peu près au centre de la côte sud-est, à deux brasses de la côte micrasiatique du cap Mycale. Dans son port dont le môle reposait sur celui de Polycrate, tyran de Samos au VIe siècle av. J.-C., les murs à l'est de l'agglomération étaient aussi en grande partie de l'époque de Polycrate et le tunnel d'Eupalinos, où nous nous enfonçâmes en rampant par endroits, ne nous impressionna pas tant comme réalisation technique –car nous n'avions pas bien compris le caractère unique de cette construction–, qu'en raison des circonstances étranges et relativement dangereuses de la visite. Il était par endroit plein de chauves-souris, à cause de l'eau qui suintait de la roche et formait de petites mares ; comme nous avancions, il y avait sur notre droite un fossé dont nous ignorions la profondeur, car nous n'avions pour tout éclairage que des bougies que divers courants d'air éteignaient et, de plus, quand il n'y avait pas de mares, l'humidité était telle que le sol était très glissant. Nous étant enfoncés assez loin de l'entrée, nous trouvâmes un élargissement formant comme une petite place où étaient conservées les ruines d'une petite église (?), mais le nombre de chauves-souris augmentait dangereusement autour de nous et nous prîmes la décision de rebrousser chemin, la visite ayant duré plus de deux heures. En ressortant à la lumière, nous nous assîmes un bout de temps pour nous remettre et nous continuâmes à pied jusqu'à l'Héraion, le sanctuaire d'Héra, dont on ne voyait qu'une colonne, puisque c'était le seul élément qui se dressait sur l'immense étendue, couverte de vignes, d'oliviers et de lumière. Nous avons flâné un peu dans cet endroit désert (bien sûr, il n'y avait ni clôture, ni gardien, à cette heure du moins) ; ensuite nous nous mîmes en quête de nourriture. À un kilomètre, un kilomètre et demi (à l'endroit de l'habitat actuel appelé Héraio) il y avait deux petites tavernes ; dans l'une d'elles, on nous prépara des œufs au plat, des pommes de terre frites et une salade de tomates (c'est tout ce qu'il y avait) pendant que nous plongions dans l'eau.

Sitôt ce repas 'royal' achevé –que la faim nous fit trouver excellent– nous décidâmes de retourner sur le site archéologique soi-disant pour mieux le voir. Mais c'était l'été et quand nous arrivâmes vers trois heures de l'après-midi, avant de commencer la visite, nous nous assîmes pour nous reposer un peu à l'ombre de grands tamaris sur des dalles chaudes (c'est là que sont rassemblées aujourd'hui des inscriptions dans un espace entouré de murs bas) ; résultat, sans nous être concertés, nous nous retrouvâmes allongés. Je ne me souviens pas d'avoir jamais dormi aussi bien et les autres m'assurèrent de la même chose quand nous nous réveillâmes au coucher du soleil dont les derniers rayons enveloppaient d'une lumière dorée la colonne et tout ce qui l'entourait, tandis que se levait une brume légère, due à l'humidité du marécage et de la mer, qui répandait une odeur âcre qui se diffusait de façon prenante dans l'atmosphère.

En revenant à Vathy, nous apprenons qu'un petit bateau, qui transportait essentiellement des marchandises, devait partir à Chios, y resterait quelques heures pour charger ou décharger, je ne m'en souviens pas bien, avant de revenir à

Samos. Nous pensâmes alors que c'était l'occasion d'y aller pour voir les célèbres mosaïques de la Nea Moni –un des sujets d'examen du cours d'Orlandos, notre professeur à l'Université–, car il n'y avait aucune communication régulière Samos-Chios, et, encore aujourd'hui, je pense qu'il y a peu de passages. On va trouver le capitaine, on le persuade de nous embarquer, et nous voilà partis, seuls passagers avec les caisses de la cargaison. Nous sommes partis le matin et arrivés au crépuscule avant que le soleil ne se couche ; toute la journée, on s'est amusé à diriger le bateau avec le capitaine, qui avait perdu la tête avec toutes ces filles, même s'il y avait des garçons dans le groupe, au point de nous laisser un moment le gouvernail. Le bateau devait repartir le lendemain matin à 6h, il fallait donc se dépêcher d'aller à la Nea Moni. On prit un taxi qui nous laissa à une certaine distance –je suppose qu'à cette époque il n'y avait pas de route jusqu'au monastère, comme c'est le cas aujourd'hui ; la nuit était tombée mais on distinguait un peu le sentier dans la campagne déserte. Enfin, on arriva et on cria pour qu'on nous ouvre en expliquant qui nous étions et ce que nous voulions. Je crois que nous nous sommes servis du nom d'Orlandos, si bien que l'on accepta que nous passions la nuit et qu'on nous ouvre l'église dès qu'il ferait jour pour voir les mosaïques afin de partir à temps. Mais il fallait qu'on ne sorte pas des chambres, même pas pour nous soulager, car il y avait un énorme chien, gardien de nuit du monastère, qui circulait librement à partir d'une certaine heure.

Entre temps, une fille du groupe est prise d'un violent mal de dent, avec pour tout médicament de l'ouzo ; on garde une gorgée sur la dent aussi longtemps que possible, avant d'avaler ou de cracher, c'est selon, mais le plus souvent on avale. Tout le groupe n'a pas fermé l'œil jusqu'au lever du jour. À 4h nous étions tous sur pied, l'église n'était pas bien éclairée, et on ne voyait presque rien. Qu'à cela ne tienne, on ne baissa pas les bras, on alluma une lampe de poche et, en se remémorant ce qui nous restait des notes d'Orlandos, on commença à 'regarder' les mosaïques. C'est ce que l'on appelle la déontologie scientifique ! En tout cas, à 6h, on réussit à être sur le port et à reprendre le petit bateau pour Samos et, de là, le bateau de ligne pour Myconos, où nous sommes retournés, je crois, pour un ou deux jours.

Je ne me souviens plus où nous avons logé cette fois, mais comme l'argent nous était compté, nous achetions des conserves et un gros pain pour nous rassasier et il nous est arrivé quelque chose de très drôle parce que nous ignorions qu'à Myconos, dès cette époque, il y avait des endroits chics que fréquentait le beau monde. Un soir, après avoir acheté nos miches de pain et nos conserves, nous eûmes l'idée d'aller les consommer romantiquement sur la plage d'Hagios Stéphanos qui était déjà un endroit très couru et qui disposait du seul restaurant cher de Myconos avec orchestre. Donc, comme nous étions fatigués, nous prîmes deux taxis et les chauffeurs, eux, croyant que nous allions au restaurant, nous y amenèrent, nous laissant devant l'entrée. Le portier se précipita pour ouvrir les portes à des clients qui arrivaient avec un moyen de transport assez luxueux pour l'époque ; il en vit sortir des jeunes gens une miche de pain et le reste à la main ; on se regarda avec stupéfaction avant d'éclater de rire de part et d'autre.

L'excursion se termina avec la visite des antiquités de Tinos, qui étaient alors conservées dans les cellules de la Panaghia, et du seul site de l'île, le sanctuaire de Poséidon et d'Amphitrite dont Orlandos avait étudié une fontaine. Là, nous n'avions presque plus d'argent et nous avons mangé des loukoumadès et encore, une part pour deux ou trois, sans compter deux parts de légumes farcis pour tous ; cela nous valut l'éloge de quelques pèlerins qui déjeunaient à côté de nous, car nous étions des jeunes si pieux que nous jeunions (!) en pèlerinage.

# LES DÉBUTS DE L'AVENTURE ARCHÉOLOGIQUE

En octobre 1958, Kontoléon demanda si un étudiant voulait aller faire des fouilles avec lui à Tinos, dans le sanctuaire de Déméter au Xobourgo.

## Tinos

C'était la période des examens et la plupart des étudiants ne se décidaient pas à quitter Athènes. Mais moi je me déclarais prête à partir et c'est ainsi que commença ma vie d'archéologue dans les Cyclades auprès d'un intellectuel, particulièrement sensible à toute forme de beauté, qui avait vécu dans cette région et l'aimait par-dessus tout. Nous sommes arrivés tard un soir, comme c'était habituel avec les horaires des bateaux de ligne, et le vent soufflait si fort que, quand nous sommes descendus –à Tinos aussi il fallait prendre des barques– nous ne nous entendions pas parler. Dans la nuit on vint nous chercher avec une camionnette pour nous amener à Tripotamos, un village proche de la Chôra sur le Xobourgo (c'est un piton rocheux qui se dresse bien droit surmonté par un château franc). Là, à ma grande surprise, nous attendaient des draps fraîchement repassés, bordés par une broderie large comme deux mains, du *glyko tou koutaliou* en signe de bienvenue et trois lampes à pétrole pour nous éclairer suffisamment en l'absence d'électricité. Au matin, je m'éveillais dans une vieille maison du village médiéval, construit sur un versant abrupt, la circulation se faisant par d'étroites ruelles couvertes sur lesquelles donnaient portes et fenêtres avec des gens qui, presque tous, nous souhaitaient la bienvenue, heureux de revoir «leur professeur»; ils avaient pour les fouilles une fascination qui dépassait ce que j'avais imaginé jusque-là (archéologie pour les étudiants signifie essentiellement faire des fouilles).

Quand nous sortîmes du village pour aborder la montée dans une atmosphère radieuse, au milieu des rochers étincelants, aux côtés de Kontoléon qui avec son sourire ironique, mais très doux, racontait des histoires sur les particularités des

Tiniotes, où, dans certains villages voisins, orthodoxes et catholiques vivaient ensemble, mais chacun de son côté, pour moi, la vie commença à ressembler à un conte.

En haut, à l'endroit des fouilles, le vent d'ordinaire vous soulevait au point qu'il fallait souvent mettre des pierres dans ses poches pour rester debout. Bien sûr je ne parle pas des ouvriers et des paysans qui étaient habitués à ce temps, ni de Kontoléon qui s'y était aussi accoutumé, et qui nous avait pourtant donné le truc ; lui-même s'en servait rarement, sauf quand il prenait des photos, pour rester complètement immobile. J'étais anxieuse de voir comment je me tirerais des responsabilités de la fouille : un bon journal de fouilles, des dessins les plus exacts possible, les rapports avec les ouvriers étant mes devoirs les plus importants, d'autant plus qu'au début j'étais seule, sans aucun collègue ou ami. De plus, autour de midi, le professeur descendait au village après avoir laissé ses consignes, d'abord au contremaître qualifié et ensuite à moi, ce que je trouvais tout à fait normal puisque l'ouvrier en chef avait l'expérience que je n'avais pas. Je me souviens encore de mon retour, à la fin de la première journée de fouilles, avec mon carnet qui me tombait tout le temps des mains, alors que je descendais presque en courant dans les rochers, préoccupée de montrer ce carnet au professeur et d'entendre son verdict. Quand j'entrais il était assis à une petite table qui lui servait de bureau et il travaillait près de la fenêtre à la douce lumière rosée du crépuscule cycladique qui répandait dans la pièce une nostalgie de l'ancien temps. Auparavant il avait pris son café après la sieste, indispensable pour la plupart des vieux archéologues, comme je l'appris plus tard. Le calme qui régnait dans la pièce, contrastant avec l'agitation des éléments naturels dans la campagne cycladique et, bien sûr, avec mon impétueuse et tumultueuse entrée, apaisa la tension due à l'attente du jugement, positif ou non, sur mon carnet et m'obligea, au moins pour un temps, à changer mon rythme. Je commençais à raconter ce qui était arrivé depuis son départ jusqu'à ce que nous arrêtions. Il faisait des commentaires en intercalant entre ses observations scientifiques des remarques sur les ouvriers, les mœurs et les coutumes des Tiniotes et plus généralement des Cycladiques, m'ouvrant les premières fenêtres sur le monde charmant des Cyclades, où je devais passer l'essentiel de ma vie jusqu'à aujourd'hui. Il faisait nuit pour de bon, on alluma les lampes et alors, avant de passer à la salle à manger, il vit mon fameux carnet de fouilles et fit des commentaires nécessaires et justes, mais à sa façon qui avait l'air de s'excuser d'intervenir tout en faisant comprendre que c'était nécessaire et que c'était ce qu'il fallait faire. Il donnait son point de vue sur un ton semi-ironique mais avec une douceur et un calme si désarmants qu'ils vous privaient de toute réaction, et même si vous vous y risquiez, il y répondait sur un ton facétieux et moqueur.

Avec le dîner de ce premier soir, commença une série de veillées incomparables et pour moi inoubliables non seulement avec nos hôtes, mais souvent avec les ouvriers de la fouille ou avec les voisins qui étaient des amis de longue date du « professeur ». Le vin était toujours choisi, les mets excellents, préparés avec soin et amour, avec ces *mézés* tiniotes typiques comme l'excellente *louza,* les saucisses au mètre, c'est-à-dire aussi longues que le boyau utilisé, et bien d'autres. Mais surtout les conversations étaient délectables et duraient souvent jusqu'à minuit: comment réagissaient les proches voisins catholiques aux fantômes qu'ils craignaient plus que les orthodoxes (comme on sait, il y avait d'assez nombreux villages de Tinos peuplés seulement de catholiques, et, à l'inverse, d'autres habités seulement par des orthodoxes, comme Tripotamos), sur quel chemin il risque de vous arriver malheur ou de vous apparaître des revenants, si vous y passez de nuit, comment un catholique a déguerpi et vécu après avoir reçu les derniers sacrements, après quoi ils croyaient que les prêtres catholiques ne laissaient vivre personne après la dernière communion même si son état s'améliorait... et plein de croyances pour que le vin soit bon, que la bonne vache ne tombe pas malade, comment faire démarrer l'âne qui s'entête à ne pas bouger... Pour moi toutes ces histoires étaient entièrement nouvelles, mais Kontoléon qui les avaient entendues souvent s'en amusait beaucoup, taquinait les voisins et jetait de l'huile sur le feu en soutenant le contraire de ce qu'il croyait; et il n'était pas rare que les interminables discussions prennent un tour philosophique ou littéraire quand passaient des gens lettrés comme les instituteurs et d'autres fonctionnaires, non seulement de Tripotamos, mais d'autres villages.

Quand vint le mois d'octobre avec les premiers froids et les premières pluies, commença l'abattage des porcs. Chaque famille tuait le cochon qu'elle avait engraissé pendant un an pour avoir de la viande l'année suivante. C'était un événement qui se fêtait dans tout le village. Les villageois s'entendaient entre eux pour ne pas tuer tous ensemble mais à des jours différents, de façon que pour chaque abattage il y eut le plus de monde possible. Chaque abattage durait trois jours avec musique, chansons de circonstance et plats cuisinés seulement avec de la viande de porc. On commençait dès qu'il faisait nuit et la fête continuait jusqu'à ce qu'on n'en puisse plus. Mais le clou de la fête avait lieu le troisième jour, où l'on célébrait le mariage du cochon. Quand la fête battait son plein, on apportait sur la table la tête entière de la bête qui était farcie de différentes épices et de chair de porc hachée et on la couronnait. Je ne me souviens pas de quoi était faite la couronne; puis on chantait des chansons de mariage, un peu après on découpait la tête et c'est aux premières heures du matin que le banquet s'achevait.

Sur la fouille les filles portaient des pantalons, ce qui était tout à fait inhabituel pour l'époque. Donc les paysans, et pas seulement à Tinos, comme je m'en suis rendu compte plus tard, considéraient les pantalons comme une sorte d'uniforme pour les femmes archéologues, *archaiologines*, comme ils nous appelaient, et dès qu'ils voyaient une femme jeune en pantalon, ils la prenaient pour une archéologue. Longtemps après j'allai au Xobourgo pour des raisons de service et je descendis à Tripotamos où il ne restait plus que de rares habitants âgés (j'apprends maintenant avec joie que le village s'est repeuplé et a retrouvé vie). Il y avait une petite vieille sur le pas de sa porte qui me demande quand je passe si je suis archéologue ; à ma réponse affirmative, elle me dit l'avoir compris par le pantalon que je portais et à ma façon de marcher sur la pointe des pieds (le chemin était en pente et forcément je portais mon poids en avant vers la pointe de mes pieds), comme une archéologue qui, il y a bien des années, était avec le « professeur » et travaillait sur les fouilles (c'était peut-être moi).

Une autre expérience fut la cavalcade à ânes. Kontoléon aimait se déplacer souvent à dos d'âne et moi, quand je le voyais, j'avais peur qu'il tombe. Tenace, il réussit à me convaincre de monter ; j'appris que si on se tient bien et s'assoie correctement on ne tombe pas, car l'âne ne marche jamais de travers et on est plus en sécurité sur son dos qu'à pied quand on ne sait pas où marcher dans les endroits rocheux.

Il faut que je raconte ici une excursion typique de l'époque, plusieurs collègues nous ayant entre-temps rejoints pour des périodes plus ou moins longues. L'excursion devait avoir lieu un jour où on ne fouillait pas et nous devions aller découvrir Pyrgos, le très beau village, comme on nous disait, de Halepas, le grand sculpteur tiniote dont la vie fut tragique. Pyrgos se trouve dans la partie nord-est de Tinos alors que nous nous trouvions au centre de l'île. Je ne crois pas qu'il y avait un bus, car, comme nous le constatâmes en marchant, le chemin qui au début était praticable devenait à peine meilleur qu'un sentier de chèvres. Nous partîmes un matin de Tripotamos à pieds avec pour guide un muletier et sa bête pour le cas où quelqu'un serait fatigué et après presque quatre heures de marche nous arrivâmes à destination, car le mulet s'arrêtait pour manger des chardons, ce qui effraya une amie, enfant de la ville comme nous tous, qui croyait que la bête allait être malade et appelait le muletier au secours pour qu'il l'empêche de brouter.

Pyrgos est vraiment une merveille architecturale qui resplendissait à la lumière de l'archipel cycladique. Notre plaisir s'accrut quand nous découvrîmes, au milieu de noms inconnus de nous, une dalle de la rue du village portant le nom de Iannoulis Halepas, qu'il avait gravé enfant, comme le faisaient à Pyrgos des petits villageois.

Au début de l'été de l'année suivante, c'était en 1959, Kontoleon nous signala que le nouvel Éphore des Cyclades, son ami Nikos Zaphiropoulos, avait besoin d'assistants et que nous pouvions y aller. Je me suis encore proposée (un peu plus tard Kiki Lebessi me rejoignait) et c'est ainsi que je me retrouvais dans le bateau pour Myconos qui abritait le siège de l'Éphorie des Cyclades et de Samos, mais cette fois j'étais employée comme jeune archéologue avec une grosse indemnité journalière de 50 drachmes, sans IKA car la région n'était pas couverte par l'assurance ; la paye arrivait quand l'administration grecque pensait à verser les crédits ou quand Zaphiropoulos se trouvait à Myconos pour payer, après avoir touché l'argent du Trésor public de Syros qui était la caisse pour toutes les Cyclades et j'ai l'impression – sans en être tout à fait sûre – qu'il n'y avait pas de banque en dehors de Syros. L'Éphorie des Cyclades et de Samos englobait comme aujourd'hui le département de Samos parce que l'île était sur la ligne de bateaux : on ne pouvait aller à Icaria et à Samos qu'en passant par Myconos et Tinos (ce ne pouvait être une Éphorie séparée car toutes les Éphories des Cyclades étaient interdépartementales, c'est-à-dire qu'elles ne devaient pas dépendre d'une seule préfecture).

L'Éphorie des Cyclades était l'une des plus anciennes du Service archéologique qui dépendait alors du ministère de l'Éducation nationale et des Cultes et avait son siège à Myconos, à cause de Délos bien sûr. Il n'y avait que trois musées dans les Cyclades, à Théra, Délos et Myconos, et un à Vathy de Samos, tous du début du XX$^{e}$ siècle. Elle comprenait autour de trente-cinq îles, si l'on inclut celles qui sont aujourd'hui inhabitées, ce qui ne signifie pas qu'elles ne renferment pas de nombreux sites archéologiques, souvent d'un grand intérêt scientifique, si on en juge par le grand trafic d'antiquités qui sévit dans cette région, à cause surtout du manque de gardiens et de personnel scientifique.

En 1959, quand Zaphiropoulos entra en fonction dans cette immense région, d'accès souvent très difficile, il n'y avait qu'un archéologue, c'est-à-dire l'Éphore des antiquités, sans même un cadre administratif ou un comptable, aucun architecte ou autre technicien, aucun assistant. Il y avait un gardien à Myconos, un à Tinos, un à Naxos, un à Paros, deux à Théra, trois à Délos, deux à Samos – un à l'Héraion, un à Vathy –, deux à Milos, dont l'un travaillait comme recolleur dans les îles qui en avaient besoin. Je ne me souviens pas s'il y en avait à Amorgos. Et, bien sûr, pas question de gardiens de nuit, espèce inconnue.

*Fig. 1b* – Myconos, la Chôra, vue générale de l'Est ;
dans l'angle droit, en bas, le musée dans son état primitif (fin XIX$^{e}$-début XX$^{e}$ s.).

## Myconos

Zaphiropoulos prit son service dans les Cyclades en février 1959 et, dès qu'on lui eut donné des crédits, qui étaient alors minimes, il commença à organiser son Éphorie en débutant évidemment par les musées d'abord de Myconos puis de Délos. Celui de Myconos se trouvait sur une petite éminence au nord de la Chôra, à l'endroit dit Kamnaki, visible de loin à l'extrémité du port (*Fig. 1b, 2*). Extérieurement il semblait n'y avoir qu'une grande salle en longueur, comme c'était habituel pour les premiers musées de l'État hellénique (comme je l'ai signalé les musées de Myconos, Délos et Théra sont parmi les plus anciens de Grèce) ; à l'intérieur cependant, il se composait d'une grande salle centrale, encadrée sur ses petits côtés, au nord et au sud, de deux salles plus petites, celle du sud abritant le bureau (*Fig. 3a-b*). Quand on y travaillait l'été, il n'y avait pas de problème, mais en hiver, dans cette pièce très haute de plafond, dallée de marbre, avec d'immenses et hautes baies vitrées, au bord de la mer qui, avec les vents du Nord des Cyclades, atteignait la porte du musée, le séjour était tout sauf facile. Si l'on ajoute qu'il n'y avait pas la moindre possibilité de chauffage, même pas un petit poêle mobile, les conditions de travail, impensables aujourd'hui, atteignaient les limites de l'héroïsme.

Quand après un voyage d'à peu près dix heures sur le *Myrtidiotissa*, un vieux bateau solide, j'arrivais à Myconos un peu avant minuit, avec les rares lumières de la ville qui tremblotaient, utilisant la barque qui accostait le bateau pour nous emmener au môle, l'image de l'île me fit l'illusion d'un rêve qui se serait perdu dans les flots sombres d'où elle semblait avoir surgi. Un jeune homme me ramena à la réalité : il s'avança pour prendre ma valise et me souhaiter la bienvenue et

*Fig.2* – Le musée et l'église (Ρόδο το Αμάραντο = 'Rose qui ne se fane pas') : à l'arrière, l'ensemble architectural et la cour avec les bâtiments de l'éphorie.

se présenta : « Je m'appelle Iannis ». Il me dit qu'il était envoyé par « Monsieur l'Éphore » pour me conduire à l'hôtel de Varnalis, tout près sur le rivage.

Le lendemain, quand je le rencontrais, j'appris son nom complet, Iannis Galatis, le dernier fils d'une brave dame de Myconos, tisseuse de son état.

Quand je montai au musée le matin, je trouvai « Monsieur l'Éphore », comme l'appelaient tous les habitants de l'île, debout devant une cloison en bois entre la grande salle et celle qui servait de bureau ; il dessinait à la craie, tout en mesurant l'espace (les murs des musées étaient alors tous peints en rouge pompéien). Je lui demandai ce qu'il faisait exactement et il m'expliqua alors qu'il essayait de calculer le nombre et la forme des nouvelles vitrines ; les anciennes étaient lourdes, en bois, comme les étagères, avec des portes vitrées seulement en façade et qui fermaient plus ou moins bien si on forçait; on ne pouvait plus les utiliser dans une salle d'exposition. Il m'indiqua aussi quel serait mon travail qui était urgent puisqu'il avait prévenu Kontoléon de lui envoyer quelqu'un tout de suite. Je jetai un coup d'œil autour de moi et je commençai à comprendre l'urgence de l'appel. Dans la longue salle du musée, dont l'aile sud servait de bureau, les antiquités –surtout des vases– qui provenaient de la Fosse de la Purification de Rhénée, étaient étalées partout où on pouvait faire tenir un objet, jusque sur les rebords des hautes fenêtres; et, en plus des énormes vitrines, il y avait des caisses en bois numérotées; beaucoup étaient entassées les unes sur les autres, autant que faire se pouvait, et si elles (les antiquités) n'avaient pas été réduites en miettes, on le devait à l'admirable travail de recollage et de conservation du vieux tailleur de Folégandros, particulièrement doué, qui s'était installé à Myconos, Georges Polykandriotis (c'est à dire en patois de Folégandros, Polykandros). Polykandriotis finit par perdre la vue en restant penché pendant des heures sur une masse de tessons qui, grâce à sa seule sagacité, se transformaient en vases, car malheureusement, quand on les avait trouvés à Rhénée et transportés à Myconos en l'absence de musée à Délos, de nombreux morceaux, considérés comme sans intérêt au lavage, avaient été jetés à la mer, à Kolokytha devant le musée. Les vases que Polykandriotis réussissait à 'créer' étaient par là même si incomplets que l'on distinguait mal le décor s'il n'était pas complété par le dessin. Réellement avec une patience d'ange, Polykandriotis entreprenait de reconstituer les décors qui, sur bien des vases, n'étaient pas seulement linéaires, mais comportaient des figures (*Fig. 3b*). En plus il répartissait les vases en catégories dont tinrent compte Ch. Dugas et K. Rhomaios dans leur étude du matériel. Celui-ci était entassé et étalé comme je l'ai dit et il était impossible à un seul homme de s'y reconnaître. J'ai donc commencé, à force d'acrobaties, à ranger la céramique en suivant les

*Fig. 3ab*– Musée de Myconos, intérieur (a), et vases restaurés (b).

catégories de Polykandriotis, et, dans la mesure du possible, en n'empilant pas les vases l'un dans l'autre.

Le travail était bien sûr très difficile pour une débutante comme moi, mais le gardien du musée, Kyriakos Koutsoukos, s'empressa de venir à mon aide et se déclara très heureux de travailler pour la première fois avec une jeune archéologue, mais aussi avec le nouvel Éphore, qui, après tant d'années, était le premier à s'occuper du musée, qui était pour lui l'alpha et l'ômega de sa vie (il disait à sa façon: «Kontoléon était du sucre, mais Monsieur l'Éphore, c'est du miel»). Kyriakos était très fier de n'avoir jamais pris de congés de toute sa vie et il me disait que, lorsque le précédent Éphore (qui n'était pas Kontoléon) l'avait obligé à en prendre un, il était si malheureux qu'il avait dû entrer en cachette par la porte de derrière pour aller s'asseoir dans la cour, seul endroit où il se sentait bien. Et je me rappelle que Kyriakos rayonnait littéralement de joie quand l'Éphore l'envoya chez le tailleur porter du tissu pour faire des rideaux – des rideaux aux fenêtres, c'était du jamais vu dans les annales du Service archéologique – ; le tissu était du jute! Tout le long du chemin du musée à la ville, il arrêtait tous ceux qu'il rencontrait pour les informer qu'il allait porter du tissu pour faire des rideaux. Quand je l'ai connu, il avait plus de soixante ans; il me semblait très vieux, comme les jeunes voient ceux qui ont plus de quarante ans. Mais ce Kyriakos, soixantenaire et plus, qui avait participé, soldat, à plusieurs campagnes de l'armée grecque qui l'avaient mené jusqu'à Odessa, grimpait comme un jeune homme, comme autrefois à l'armée, sur une échelle à moitié cassée pour descendre les vases des rebords des fenêtres et les disposer avec beaucoup de soin sur la partie supérieure des vitrines; et, en général, infatigable, il aidait toute la journée en «faisant des sauts», comme il disait, à la poste pour envoyer tout document préparé par l'Éphore ou encore à l'OTE pour des télégrammes (bien évidemment il n'y avait pas de téléphone au musée). Il n'attendait pas d'avoir trois ou quatre documents, à peine voyait-il une enveloppe qu'il s'en saisissait et «faisait un saut» dans les différents services publics qui n'étaient pas à côté. J'habitais désormais dans le local derrière le musée, c'est-à-dire dans la cour où il y avait une vieille habitation, longue et étroite, elle aussi divisée en trois pièces, quatre avec la salle de bain. Deux servaient de chambres à coucher pour l'Éphore et un neveu de Kontoléon, Ilias Drouphakos, qui était surveillant des travaux de Délos; la troisième était la salle de séjour avec un vieux canapé-coffre en bois dont Kyriakos disait qu'il avait accueilli les os de Pippas, un ancien Éphore de Myconos-Délos. Que voulait-il dire par là? Je n'ai jamais compris (je pense aujourd'hui qu'il s'agissait peut-être des ossements provenant des fouilles de la région). En tout cas dans le placard à vaisselle, on trouvait les assiettes, de terre cuite bien sûr, de Karouzos, la tasse de Kontoléon, ou de tout autre Éphore qui avait été là en poste. Tous ces objets, Kyriakos les avaient pieusement conservés. Il avait un tel souci de tout ce qui concernait de près ou de loin le musée qu'au début il était impossible de le persuader de ne pas ramasser le linge que j'étendais dans la cour et il s'étonnait que je ne le laisse pas rassembler mes petites culottes, car pendant des années il s'était occupé de tout ce dont avait besoin l'archéologue qui logeait là. Kyriakos, bien qu'ayant une jolie maison à Niochôri, dans la partie haute de Myconos, *pera myloi*, et bien qu'aimant beaucoup sa femme (il n'avait pas d'enfant) avait une chambre pour lui tout seul dans la cour du musée, tout à côté du bâtiment où habitait l'Éphore (bâtiment que j'ai décrit plus haut, une vieille remise que Karouzos avait transformée en pièce habitable). Dans la chambre de Kyriakos trônait un lit – meuble principal et quasi unique – si large et si long que, plus tard, quand on en eut besoin, nous y dormîmes à cinq filles dans la longueur. Selon Kyriakos, c'était son lit de noces et il semble que, quand il s'était marié, il habitait là pour ne pas s'éloigner de son poste au musée (ou plutôt pour ne pas s'éloigner du tout !). Cependant avec le temps il s'installa plus durablement chez lui, il y restait quelquefois ou y faisait une petite sieste le midi.

Quand je suis allée à Myconos, comme je l'ai dit, les deux chambres étaient occupées, et je ne pouvais pas rester continuellement à l'hôtel. La seule pièce disponible était donc la chambre de Kyriakos ; d'ailleurs, peu de temps après, dès que le rangement et le classement de la céramique de Myconos seraient terminés, nous partirions à Délos pour un autre travail urgent. L'été arriva rapidement pour de bon et, avec la fin des examens à l'université, Kiki Lebessi vint nous rejoindre et nous dormions ensemble dans le lit de Kyriakos. Un jour la décision fut prise d'aller à Délos : nous prîmes avec nous autant de provisions que possible, essentiellement des *paximadia* et des conserves, et nous voilà parties.

*Fig. 4* – Délos, au fond maisons des gardiens et de l'École française.
À l'horizon, l'île de Tinos.

## Délos

À cette époque on ne pouvait passer à Délos qu'avec le caïque du capitaine Louisos Galounis et il y avait aussi le caïque des bêtes pour les animaux et les marchandises des Déliens, c'est-à-dire des habitants qui vivaient dans la Grande Délos, l'ancienne Rhénée, surtout sur la côte orientale en face du sanctuaire d'Apollon. À Délos, la petite Délos comme l'appelaient les gens du pays, il n'y avait que les maisons des trois gardiens et de l'Éphore, ainsi que celle de l'École française d'Athènes, avec ses réserves (*Fig.4*).

Les ouvriers qui étaient employés aux travaux de restauration des antiquités, et ils étaient nombreux, arrivaient le matin, de Rhénée en face, la plupart avec leur barque, et ils rentraient le soir dans leur «*chorio*» (à Myconos, le «*chorio*», c'est une petite cabane qui servait surtout pour les travaux agricoles). D'autres avaient des bêtes à Délos et un *chorio* là où paissaient leurs animaux (ces champs, situés loin dans la partie sud et sud-est de l'île, appartenaient à la municipalité de Myconos qui les mettait aux enchères tous les cinq ou six ans). Ceux-là restaient là toute la semaine, car on travaillait même le samedi. Entre Délos et Myconos, il y a toujours de la tempête, même quand plus au large la mer est calme. Dans le caïque du capitaine Louisos –un beau type de marin myconiate avec ses grands yeux bleus, sa moustache blanche en crocs et l'indispensable casquette (je l'imagine avec les cheveux blancs car je ne me souviens pas de l'avoir vu sans casquette)–, dans le caïque donc, qui n'était pas couvert, il y avait une grande bâche ; on s'asseyait à l'arrière, l'un contre l'autre, bien serrés, et le père Louisos nous recouvrait avec soin et nous montrait comment nous tenir pour ne pas tomber ou nous cogner à cause des secousses ; et il démarrait, fendant littéralement les vagues, assis à la barre, à l'arrière au milieu de nous, avec un calme tel que nous n'avions pas peur, enfin autant que possible, même quand des paquets de mer nous passaient par-dessus et continuaient derrière nous leurs jeux dans l'air et le soleil.

À Délos, à droite et à gauche du musée, il y avait deux petites maisons qui avaient gardé leur aspect d'origine, du début du XXe siècle, j'imagine : toit de tuiles, petit porche devant, face à l'archipel, mais bien protégées des vents du Nord, chaudes en hiver et fraîches en été. Elles avaient deux pièces chacune, la maison au nord pour l'Éphore, l'autre, au sud, pour le gardien-chef. Jusqu'alors on ne s'était pas penché sur la question du séjour d'un autre archéologue, puisqu'il n'y en avait qu'un et que l'Éphore était toujours un homme. L'arrivée de deux femmes archéologues posa un grave problème, auquel il n'y avait nécessairement qu'une solution, dormir à deux dans la même chambre où deux lits et deux chaises rentraient avec difficulté, derrière le bureau qui donnait sur la terrasse du musée, au-dessus du porche. C'était une seule pièce que l'on avait divisée en deux par une cloison sommaire en bois. La partie vers la mer avait été aménagée en 'bureau' avec une grande table étroite, deux chaises et une armoire pour les archives et la partie arrière en une sorte de remise avec tout ce qui ne logeait pas dans l'armoire aux archives (vieux papiers, dossiers, enveloppes, tampons, chiffons à poussière...) et avec deux divans et deux chaises.

Finalement, pour la durée de notre travail au musée, on décida que l'on resterait dans cet endroit, où nous avions passé quelques nuits lors de l'excursion universitaire que j'ai racontée, tous couchés sur le sol dans des « sacs à viande » comme nous appelions en argot les sacs de couchage. On mit sur pied les deux divans branlants, on entassa dans un coin tout le reste, sauf les deux chaises qui nous laissaient juste un petit espace libre pour circuler. Nous nous consolâmes du manque de confort avec le balcon, au-dessus du porche devant le 'bureau'. Là au coucher du soleil on s'allongeait sur le sol de poros chaud et, à défaut de pouvoir faire quoi que ce soit par manque d'électricité ou de lampe assez puissante, on rêvassait jusque tard dans la nuit à la lumière des étoiles ou de la lune, le site archéologique étalé devant nous et au fond les Rhevmatiarides et Rhénée, qui se profilaient en scintillant dans les flots. La nuit, on entendait d'habitude les grenouilles de la Fontaine Minoé et, entre les Rhevmatiarides et Délos, le bruit de la mer quand il n'y avait pas de forte houle. Les seuls lieux d'aisance se trouvaient quelque part dans une cour, au nord je crois (l'accès aux cours se faisait par deux portes latérales qui s'ouvraient au fond sur le côté de la longue salle en face de l'entrée). On montait au bureau par un escalier de bois de hêtre en colimaçon, peint en rouge lui aussi (escalier qui se trouvait dans l'entrée du musée à droite).

C'était un si bel ouvrage qui complétait architecturalement l'imposante entrée du musée que des visiteurs le photographiaient souvent et même le dessinaient. Sous la junte, quand nous avons été mutées et éloignées de l'Éphorie pendant trois ans et demi, on a considéré que cet escalier et le bureau sur la terrasse étaient bons à démolir, une absurdité comme toutes les catastrophes. L'escalier fut démonté, mis en morceau et brûlé en grande partie comme bois de chauffe par les gardiens et les ouvriers. C'était un ouvrage si vivant et chaleureux !

Le musée avait à peu près le même plan que celui de Myconos, avec la différence qu'au milieu de la salle tout en longueur s'ouvrait une autre salle perpendiculaire dessinant un T, exactement en face de l'entrée (*Fig.5*). Sur toute la longueur des murs de la salle Nord et de la salle centrale, il y avait des bancs maçonnés et formant des marches. Là-dessus étaient alignées, comme des pains dans le four, des sculptures, beaucoup dans l'état où elles avaient été trouvées, cassées en morceaux, la plupart avec la terre des fouilles et pas une debout bien sûr, puisque rares étaient celles dont la base était conservée. Dans la salle sud, les mêmes lourdes vitrines qu'à Myconos, en bois peintes en rouge, chargées d'une masse de vases ; cette pièce était pleine à craquer. Beaucoup de vases n'étaient pas lavés, en mauvais état ou pas du tout restaurés. Dans les réserves qui donnaient sur les deux cours encadrant la salle centrale au nord et au sud, d'innombrables tessons, presque tous ni lavés ni répertoriés, remplissaient des caisses d'épicerie empilées l'une sur l'autre. De même, les inscriptions, très nombreuses, étaient entassées dans les deux cours, sous les figuiers, empilées contre les parois ou mêlées aux

*Fig. 5* – Le musée de Délos, salle centrale, statues archaïques.

sculptures qui, en plus des deux salles d'exposition, remplissaient les réserves jusqu'à mi-hauteur des murs.

Quand nous commençâmes à prendre conscience des difficultés auxquelles nous étions confrontées, les tentatives d'un archéologue français, d'âge mûr, maniaque des fragments de sculptures, nous semblaient à la fois drôles et surhumaines : il faisait des acrobaties au milieu de cette accumulation d'antiquités, cherchant inlassablement les morceaux qui allaient ensemble et quand il obtenait un résultat, toute sa personne rayonnait, même si son succès se limitait à deux petits fragments, et il venait nous trouver, alors que nous essayions de mettre de l'ordre comme nous pouvions, pour nous demander de les inscrire à l'inventaire et de les numéroter. Ainsi, ces fragments auraient au moins des numéros pour la publication, à défaut d'être dressés ou même recollés pour les plus gros morceaux. Mais le combat de Jean Marcadé, académicien et homme de lettres, n'a pas été vain; le savant archéologue parvint, malgré les difficultés, à mettre pour la première fois le musée de Délos sur la scène scientifique, en publiant dans un tome volumineux l'ensemble de la sculpture hellénistique de Délos.

À Délos, il n'y avait bien sûr pas d'électricité ni de téléphone. La 'friteuse', le téléphone manuel qui fonctionnait avec une petite manivelle, ne prenait la ligne que si les conditions météorologiques le permettaient, ce qui était plutôt rare. C'était plus facile, façon de parler, de monter sur le Cynthe pour appeler Myconos, plutôt que d'essayer de communiquer par téléphone. La liaison se faisait par le capitaine Louisos et par Kyriakos à Myconos qui ne nous laissait pas manquer de nourriture et de journaux, quand ils arrivaient et ne mettaient pas des jours à nous parvenir, ce qui dépendait du temps ; souvent pendant l'été nous restions non seulement sans journaux, mais aussi sans pain pendant des jours. Heureusement les gardiens étaient là qui nous donnaient un œuf, tuaient des lapins sauvages, pêchaient des poulpes et des poissons et nous en apportaient. Ce qu'il y avait, c'était l'eau et elle était très bonne, provenant de puits antiques, particulièrement celui de la maison de Cléopâtre, dont la statue, avec celle de son mari Dioskouridès, accueillait les étrangers au seuil de sa demeure dans le quartier du théâtre (*Fig.6*). Chaque jour, à la nuit tombante, nous partions chercher de l'eau et c'était merveilleux, après avoir pompé l'eau, de s'asseoir sur les marbres chauds et de contempler devant nous le Xobourgo de Tinos qui se découpait comme une dent gigantesque toute droite sur l'horizon bleu et rose, jusqu'à ce que la nuit tombe et qu'apparaissent les premières étoiles. Alors seulement on prenait le chemin du retour dans la moiteur de l'air, au milieu de dizaines de bruits –cricris, grillons, grenouilles– et des parfums de la nuit délienne (c'est seulement dans les régions très sèches avec l'humidité nocturne que les herbes sèches et les buissons diffusent dans l'atmosphère une forte odeur âcre, presque sensuelle, qui monte de la terre et se répand dans l'air). Souvent nous marchions sans lampes de poche car nous connaissions bien le sentier et la lumière des étoiles était si brillante que nous avions l'impression que la voûte céleste se rapprochait de nous. La seule lumière qui se distinguait de loin était celle de l'auberge (*xenônas*) qui avait été construite

*Fig.6*– La maison de Cléopâtre.

dans l'entre-deux-guerres et qui faisait à la fois café et restaurant sommaire; on y trouvait des œufs, des pommes de terre, du jambon ou des *dolmadakia* en conserve (les *dolmadakia* sont des boulettes de riz roulées dans des feuilles de vigne). Elle servait aussi de seul lieu de rencontre pour les gens qui habitaient sur l'île (je ne dis pas les Déliens, puisque seuls les habitants de Rhénée avaient droit à ce nom), archéologues, grecs et français, gardiens, ouvriers et quelquefois des étrangers amoureux du site qui voulaient passer une nuit dans l'île d'Apollon, comme plus tard le couple Séféris (Séféris, le fameux écrivain grec, prix Nobel) et bien des gens 'avec un nom', comme on dit sottement aujourd'hui de gens connus dans la société, comme si les autres n'en avaient pas. La petite auberge avait quatre chambres réservées aux visiteurs étrangers; à l'époque, il était impensable d'interdire aux hôtes une visite ou une flânerie nocturne sur le site archéologique: leur désir de passer une nuit à Délos servait de justificatif qui inspirait confiance. Du reste, bien que les gardiens ne fussent que trois, ils avaient le souci, vingt-quatre heures sur vingt-quatre, de savoir à chaque instant qui allait où, car ils étaient déliens ou myconiates et aimaient le lieu. Aujourd'hui presque tous, hélas, sont étrangers et la plupart ne se préoccupent que de gagner de l'argent et de bien vivre si possible. Délos est «un poste», comme ils disent, qu'il faut quitter dès qu'on obtient ce pourquoi on accepte d'y venir. Une anecdote illustre comment un gardien myconiate voyait Délos autrefois. Quand Kostantis Rousounelos devait passer quelques heures à Myconos pour du travail et qu'il rentrait à Délos, il disait qu'il sentait ses poumons s'oxygéner mieux et son cœur battre plus régulièrement quand il inspirait l'air délien ; et c'était un homme de trente ans tout au plus et pas un vieillard recherchant la solitude.

À l'auberge, il y avait aussi le livre des visiteurs que signaient sans exception tous ceux qui passaient à Délos et y séjournaient – ce qui ne signifie pas que le visiteur d'un jour ne signait pas lui aussi s'il le désirait. Je me rappelle que lors de l'excursion universitaire, nous avions avec nous Iannis Karidis qui devint un exceptionnel décorateur de théâtre et qui nous a quittés trop tôt. À côté de chacune de nos signatures, il avait fait une caricature en insistant sur les particularités et même les manies de chacun. En plus de ceux que j'ai mentionnés plus haut, il y avait à la réunion de l'auberge (*xénônas*) le soir des pêcheurs de passage, qui accostaient un moment au port et qui montaient boire une bière (bière qui avait déjà commencé à bannir le vin du bon dieu de la table du paysan et de l'ouvrier ; trait distinctif dans les classes populaires, on buvait et on continue encore aujourd'hui à boire de la bière dans un petit verre à vin, surtout dans des petits coins de province).

Le *xénônas* se trouvait au nord de l'éphorie (là où résidait l'éphore), et il en était très proche ; forcément, il n'y avait pas moyen de fermer l'œil avant le départ du dernier noctambule. L'architecte qui avait dessiné le *xénônas* avait tenu compte des vents de la région et l'avait installé à un endroit où ses deux côtés sud et ouest étaient à l'abri tout en formant un courant d'air aux heures calmes de l'été. Sur ces deux côtés, il y avait un appentis sous lequel avait lieu une partie de l'enregistrement du matériel, quand il fallait transcrire des notes prises à la va-vite

*Fig. 7*– Ph. et N. Zaphiropoulos à la table de travail.

en descriptifs soigneusement écrits sur l'inventaire ; mais c'était aussi l'endroit du café du matin et des parlottes qui lui sont liées. C'était là qu'il y avait la seule grande table, à l'exception de celle du bureau de la terrasse du musée, où l'on pouvait écrire un peu à l'aise et étaler ses papiers et ses coudes (*Fig. 7*).

Quant aux heures de travail, on commençait le matin, perdues au milieu des caisses, en essayant de s'y reconnaître et la nuit nous trouvait souvent assises par terre à ouvrir les tiroirs inférieurs des anciennes vitrines où étaient entassées des lampes ou des vases de différentes formes et essayant, à la lumière d'une lampe à pétrole, de distinguer les numéros des vases, s'il y en avait, jusqu'à ce qu'arrive « Monsieur l'Éphore » et qu'il nous confisque la lampe pour nous obliger à arrêter.

Zaphiropoulos, en plus de l'enregistrement et du rangement du matériel, se mit aussi à la recherche d'un sculpteur, qui, tant d'années après leur découverte, s'occuperait enfin des sculptures, les rares qui nous soient parvenues formant un ensemble particulièrement important des VII^e^-VI^e^ siècles av. J-C. jusqu'au début du I^er^ siècle av. J.-C. La plupart des sculptures de Délos, qui embellissaient les sanctuaires, les bâtiments publics et les maisons des riches habitants de cet important centre commercial et culturel antique, ont été trouvées dans les fouilles de la fin du XIX^e^ et du début du XX^e^ siècle, en général mutilées ou en morceaux difficiles à assembler. Pour cette raison la tâche du sculpteur qui s'occupe des sculptures antiques est très difficile. Outre le recollage et les restaurations, la mise en place est un processus encore plus délicat. Il faut des calculs très exacts pour percer avec justesse et beaucoup de soin l'œuvre sans occasionner le moindre dégât, même sur l'épiderme, et pour passer une tige de bronze (aujourd'hui d'un métal plus résistant et meilleur) qui permette de la faire tenir debout. De nos jours, les outils électriques et électroniques et tout ce dont on dispose pour des travaux semblables facilitent beaucoup la tâche du technicien qui a aussi besoin d'expérience, de patience, de volonté et d'amour de son métier. Si l'on pense qu'à Délos il n'y avait même pas d'électricité et que tout se faisait à la main, on peut avoir une petite idée des énormes difficultés auxquelles était confronté celui qui travaillait sur les sculptures antiques.

Et puis un jour arriva un jeune sculpteur, recommandé, je crois, par le couple Karouzos – Christos, le directeur du musée archéologique d'Athènes, et Semni, sa femme, faisaient partie des archéologues et intellectuels grecs les plus importants du XX^e^ siècle. Ce jeune sculpteur s'appelait Stelios Triandis et était arrivé depuis peu de Paris où il avait étudié à l'École des Beaux-Arts. Je ne pense pas que les conditions de vie à Délos étaient ce qu'il aurait pu imaginer de mieux, mais son amour du monde antique qui l'entourait et qui attendait qu'il lui rende une partie de sa fraîcheur primitive fit qu'il n'y réfléchit pas à deux fois et il se mit directement au travail. Bien qu'il fût un jeune homme bien charpenté, d'apparence endurcie et de traits prononcés, c'était en réalité une personne particulièrement sensible, qui se plaignait comme un petit enfant. Il avait une grande passion pour les statues ou mieux pour la sculpture. À peine arrivé il ne prit même pas le temps de voir où il coucherait et il se mit à chercher les solutions pour relever les statues le plus facilement et le plus rapidement, en commençant par les archaïques, c'est-à-dire les plus anciennes, du VIe siècle av. J.-C. Il prit tout d'abord une koré (statue de jeune fille), à laquelle on avait mis, pour la faire tenir debout, une tige de fer, qui avait commencé à oxyder le marbre tout autour, qui menaçait de casser. Il fallait donc enlever cette tige et en remettre une autre en bronze et plus profondément. Aujourd'hui ce travail ne présente pas de difficultés particulières, même si le spécialiste doit être très soigneux et compétent. Mais à cette époque à Délos, sans électricité ni génératrice, avec pour seuls outils le marteau et la gouge (qu'on me pardonne si je me trompe de terme), avec sa patience et son amour des antiquités, Stelios commença littéralement à «attendrir» le marbre, comme nous le constations nous-mêmes. Il humectait sans arrêt la zone autour de la tige métallique et il frappait très doucement pendant des heures pour essayer de la faire bouger et de la retirer sans dégâts. Et quand il tenait sa statue à l'envers sur ses genoux, assis comme un Hindou dans l'eau, et qu'il ne se levait pas même pour se reposer, il lui parlait comme il aurait fait avec une créature vivante: «Viens, ma belle, aide-moi un peu que je n'aie pas à te martyriser... Viens, ma chérie...!».

Comme je l'ai dit plus haut, dans ces maisons de Délos, il n'y avait pas que les lits qui étaient comptés, il en allait de même des chambres. Aussi, Stelios se retrouva à dormir dans la cour nord sur un banc de bois sur lequel il mit des couvertures pour ne pas s'allonger directement sur les planches; il ne dormait dans un vrai lit que lorsqu'un gardien s'absentait à Myconos et libérait un lit, alors on le lui cédait pour la durée de l'absence, «pour que tes petits os se reposent», lui disait-on. Malgré tout Stelios ne se plaignait pas et continuait à travailler imperturbablement, comme au premier jour. Le soir, on le voyait souvent se balader sur le site, murmurant quelque chanson épirote traînante (il était en effet Épirote), et quand il rencontrait certaines personnes il leur chantait «La lune se balade à la porte de ma bien-aimée...» sachant que cet air ne leur plaisait pas et les énervait, mais lui, ça l'amusait.

Quelques temps après, «Monsieur l'Éphore» l'envoya chercher des marbres pour des bases de statues dans l'île voisine de Tinos, en pensant qu'il reviendrait au bout de quelques jours, mais Stelios disparut pendant près d'un mois. Il cherchait dans tous les coins le marbre le plus approprié, si bien qu'un jour arriva à Myconos une très lourde enveloppe avec des échantillons de marbre pour que «Monsieur l'Éphore» choisisse et passe commande. Le plus touchant était la lettre qui accompagnait les marbres où en deux pages d'un style simple et élégant il nous expliquait les raisons de sa 'disparition' pendant tout ce temps et pourquoi il n'avait pas donné signe de vie; il parcourait les montagnes et ce n'était pas facile de poster une lettre.

Un jour, vers la fin de l'été, nous reçûmes à Délos la visite de célébrités de l'époque: avec le fameux bateau d'Onassis, le *Christina*, accostèrent –mais ils passaient la nuit dans le bateau– le couple Meneghini-Callas, le couple Onassis avec leurs enfants, le couple Churchill –lui ne mit pas pied à terre– avec leur fille et d'autres amis. Ils flânèrent longtemps sur le site archéologique et quand ils partirent

*Fig. 8*– Entrée de la Maison du Dionysos.

ils semblaient ravis et heureux d'avoir passé un moment dans ce lieu exceptionnel. Nous n'imaginions pas qu'ils vivaient leurs derniers moments en apparence insouciants, car c'est pendant cette croisière que commença l'idylle entre Onassis et la Callas qui ne leur apporta que des malheurs à eux et à leurs proches.

L'été avançait et nous, nous passions nos soirées à rêvasser dans la véranda qui s'ouvrait devant le bureau sur la terrasse du musée, ou plus rarement sur le Cynthe, car il fallait monter, ou sur le site dans les petites rues entre les maisons qui avaient gardé toute la chaleur d'un quartier vivant, où l'on croirait que les habitants vont sortir s'asseoir sur les bancs pour profiter de la magie de la nuit cycladique en commentant les nouvelles du jour. Cette délicieuse douceur des ruines de Délos, qu'on ne peut vivre sur un autre site, n'est pas due seulement à ce paysage sans pareil qui répand sur tout ce qui l'entoure la brume d'une éternité

*Fig. 9*– Vues de Délos. En haut, à g. vue sur les lions ; en haut à dr., bateaux dans le chenal des Rhevmatiarides (à dr.) ; en bas à g., maison ; en bas à dr., vue sur les *phalloi*.

intemporelle, mais aussi à la texture du gneiss, cette pierre dont les bâtiments sont faits (*Fig. 8*) ; c'est à croire qu'elle garde toute la chaleur du soleil qui se dégage dès que l'on s'y appuie, et même s'il fait nuit noire, elle enveloppe comme une chaude étreinte humaine.

Et je me souviens comme je fus saisie de peur lors de ma première visite à Pompéi où la catastrophe et la mort vous attendent à chaque coin de rue (on éviterait, j'imagine, beaucoup de peine en connaissant Pompéi avant Délos). En plus des soirées dans les quartiers de Délos, quand avec le *meltem* on se sent devenir un élément de la nature en mouvement, il y avait les après-midi, quand l'île se vidait de ses visiteurs : il n'y avait plus que nous avec les crocodiles (une sorte de lézard qui ressemble à un petit crocodile) entre les pierres brûlantes sous le soleil aveuglant qui est réellement l'élément majeur, non comme catalyseur de l'existence humaine, mais comme force revigorante de cet endroit qui a gardé, je crois, quelque chose de la spiritualité du blond Apollon qui naquit ici (*Fig. 9-10*). Et, tout autour, l'immensité bleue, argent ou émeraude, qui selon son humeur caresse nonchalamment les rochers ou bondit en écumant pour montrer sa puissance. Et il y avait aussi les couchers de soleil dans la *cavea* du théâtre, où, en compagnie des poètes antiques et contemporains, on contemple le soleil rouge –il fera du vent le lendemain–, ou tout doré qui envoie ses derniers rayons avant de s'enfoncer dans la mer derrière Rhénée. Et alors, avec la fin du jour, l'humidité de

*Fig. 10* – Délos au printemps, rue N-S, le long du sanctuaire.

la mer commençait à se répandre sur la terre, s'infiltrant dans l'atmosphère qui se remplissait de senteurs qu'on semblait « entendre », si fortes que parfois on croyait les prendre dans ses mains.

## Paros-Naxos

Notre premier été à Délos s'achevait et vint l'heure de partir pour les îles de Paros-Naxos. Naxos pour du classement de matériel archéologique, Paros pour les fouilles de Despotiko –des cas de vols d'antiquités avaient été signalés dans des tombes préhistoriques–, une île rocailleuse dont nous entendions le nom pour la première fois. Pour aller de Myconos à Paros, il fallait prendre le bateau de ligne qui arrivait de Samos entre l'après-midi et le soir (il arrivait quelquefois au lever du jour), puis aller à Syros, la capitale du département des Cyclades et loger à l'hôtel Hermès, un très bon hôtel, très luxueux pour l'époque, mais qu'un archéologue, malgré son faible salaire, pouvait s'offrir, car les hôtels relativement bons n'étaient pas inabordables comme aujourd'hui. Le lendemain soir, il fallait prendre l'autre bateau qui allait à Paros-Naxos et Santorin pour arriver à destination. Signalons ici que trois lignes principales se partageaient le centre de la mer Égée dont deux passaient par Syros où se trouvaient tous les services de l'État. Une ligne desservait les îles orientales (Syros, Tinos, Myconos, Icaria, Samos), la deuxième les îles centrales (Syros, Paros, Naxos, Ios, Théra) et la dernière les îles de l'Ouest (Kythnos, Sériphos, Siphnos, Kimolos-Milos). On allait à Kéa seulement depuis le Laurion et à Andros à partir de Rafina: Andros-Tinos-Syros. À Andros on n'accostait pas à Gavrion, car le port n'existait pas encore, mais on faisait le tour de l'île pour atteindre la Chôra, car on s'arrêtait parfois sur la côte Nord-Ouest, à Batsi qui était une ravissante bourgade sans aucun rapport avec l'actuel lieu de villégiature.

Nous allions d'habitude à Amorgos en passant par Naxos –un bateau par semaine et quand le temps le permettait: il venait du Pirée (un trajet déficitaire subventionné par l'État), passait à Naxos, desservait toutes les Petites Cyclades (Héraclia, Schinoussa, Kouphonissi, Donoussa) et arrivait à un moment donné, si Dieu le voulait, à Amorgos, une fois d'abord à Katapola, la fois suivante à Aigiali. Il y avait aussi un grand caïque local, le *Skopelitis*, qui faisait Naxos, les petites Cyclades, Amorgos selon le temps. Avec ces itinéraires on mettait d'habitude deux ou trois jours entre Myconos, siège de l'Éphorie, et les îles de Paros-Naxos. En hiver, il nous arrivait de passer trois ou quatre jours à bord s'il était arrêté dans un port par interdiction de naviguer. Qu'on se rende compte aussi que dans toutes ces îles, à l'exception de Syros et Samos, il n'y avait pas de quai de débarquement et que les voyageurs étaient transbordés en barques. Aujourd'hui qui, parmi les milliers de voyageurs, peut comprendre pourquoi le prix du billet des îles vers le Pirée est un peu plus cher, même quand on le lui explique, ce que j'ai fait souvent; les nouveaux employés des agences de voyage ne le comprennent pas davantage. C'est une retenue pour les bateliers qui ont accepté sans protester que soient faits des quais de débarquement. N'oublions pas que les ferry boats –il n'existait même pas de mot pour les désigner en grec– n'existaient pas, tout au plus y en avait-il dans l'armée, mais qui le savait?

Nous sommes arrivés à Naxos vers 11 h du soir avec le *Myrtidiotissa*, celui qui tenait le mieux la mer des trois bateaux postaux qui circulaient alors entre Myconos et Paros-Naxos, les deux autres étant le *Pantélis* et le *Despina*, le légendaire *Despoinaki* sur lequel les Naxiens avaient même fait des *kotsakia* (petits poèmes naxiens). Ces deux bateaux étaient d'anciens navires de guerre, donnés à la Grèce en dédommagement de guerre, et qui avaient été transformés pour transporter des passagers, ayant gardé des qualités de leur premier usage : ils étaient maniables dans les ports des Cyclades et rapides eu égard aux normes de l'époque. Naxos nous accueillit dans l'obscurité ; la DEI n'existait pas et l'Electriki faisait de fréquentes coupures de courant qui pouvaient durer plusieurs heures ou toute la nuit. Le bateau a fait une escale éclair, comme dans presque tous les ports des Cyclades ; à Naxos, il restait à peu près au milieu du port, à côté de la petite église de la Myrtidiotissa, construite sur un rocher du port et les voyageurs descendaient là sur un petit quai en forme de T. À cette époque, c'était le début de l'automne je crois, Kontoléon fouillait à Grotta, dans la ville préhistorique, une nécropole et

*Fig. 11* – Porte du Kastro de Naxos.

*Fig. 12* – Maison du Kastro.

des habitations, avec un tas d'étudiants qui logeaient dans des maisons de location, car il n'y avait presque pas d'hôtels, deux en tout, dont le fameux « Dionysos », appartenant à Zevgolis, tout en haut de Bourgo au Nord, au-delà du Kastro. Le soir de notre arrivée dans la nuit et l'obscurité, nous nous efforçâmes de le trouver dans le dédale de ruelles de la ville médiévale, en suivant quelques mains dessinées aux angles des murs pour montrer le chemin. Le « Dionysos » était une vieille maison, qui, jadis, avait dû être belle et peut-être même imposante, transformée en hôtel (soi-disant hôtel) et où l'on restait éveillé quand le couple de la chambre voisine se disputait, comme si on y était. Je me souviens même que Kontoléon qui n'habitait pas à l'hôtel, mais dans une maison, nous disait en riant qu'une fois Zevgolis, qui était descendu au bateau pour chercher des clients, le voyant, lui avait dit : « Cette année, nous avons de l'eau chaude, Monsieur le professeur ». « Ah, dit Kontoléon, tu as mis un chauffe-eau ? » « Quelque chose comme ça, Monsieur le Professeur, j'ai mis deux grosses bonbonnes d'eau sur la terrasse » !

*Fig. 13* – Blason d'une maison à Bourgo.

C'est une 'ville-poème' qui nous accueillit le lendemain. Chaque tournant de rue révélait un aspect différent, mais tous les éléments formaient un ensemble particulièrement impressionnant et, en même temps, chaque coin mettait en valeur son caractère propre : l'aristocratique Kastro, orgueilleusement clos de toutes parts au sommet de la colline qui domine la ville, avec sa majestueuse entrée en marbre au nord qui a conservé sa lourde porte en bois (*Fig. 11*) –au contraire, celle du sud, plus basse, a perdu sa porte–, au centre les restes de la tour du gouverneur vénitien, Marco Sanudo, et les extraordinaires demeures ornées des blasons de leurs nobles propriétaires (*Fig. 12-13*). Le Livre d'or des Naxiens est beaucoup plus ancien que celui de Corfou. Plus modeste est le Bourgo, la ville bourgeoise qui entoure plus bas le Kastro sur ses côtés nord et ouest, lui aussi avec des portes qu'on fermait le soir pour les étrangers. À l'ouest la porte du rivage donnait sur le port et à l'intérieur s'étendait le marché bruyant avec ses passages couverts ; au nord la porte « ovraïki » au-delà de laquelle s'étendait le quartier juif. Au Kastro vivaient des familles catholiques, descendant des conquérants vénitiens pour la plupart d'entre elles. Encore aujourd'hui retenons que les familles orthodoxes du

Bourgo disent avec crainte, respect, admiration: «ces gens-là sont du Kastro». Quand nous arrivâmes en bas, au port, nous vîmes devant nous le front de mer avec de remarquables maisons néoclassiques qui complétaient l'aspect grandiose de la ville. La place qui se dessinait devant nous –rien à voir avec la situation actuelle et le décor artificiel et de mauvais goût des bars, des cafétérias et de toute cette pacotille qui tourmente nos contemporains– la place donc avait deux cafés, le café de Villantonis était le rendez-vous de tous ceux qui voyageaient et attendaient que le bateau apparaisse à l'horizon, à la pointe de Paros pour celui qui venait du Pirée et à celle d'Hagia Anna pour celui qui venait de Santorin. Le café de Papadakis, à gauche en regardant la mer, était plutôt celui des gens du cru qui buvaient leur café en discutant de politique et d'actualités. Il y avait alors deux grandes figures politiques à Naxos: Protopapadakis, leur député au Parlement et au gouvernement, et Manolis Glézos, leur héros, homme de la Résistance. Derrière le café de Villantonis se trouvait l'unique gargote (ou presque), celle de la dame Vangéla qui se fâchait si l'on était pressé, mais qui était aux petits soins. Avec son mari, Gérolimos, ils avaient bien sûr une grande estime pour le professeur et ses 'enfants' et plus tard pour Zaphiropoulos quand ils firent sa connaissance. Chaque matin, cela m'avait impressionné, dame Vangéla envoyait quelqu'un sur la fouille de Kontoléon à Grotta pour demander ce qu'ils voulaient manger et le leur préparer. J'ai encore en tête le premier repas que je pris chez dame Vangéla qui était de surcroît une excellente cuisinière –d'après elle la bonne cuisine était due à Gérolimos– donc le premier repas que je pris à Naxos (je ne faisais pas partie de l'équipe de Kontoléon et passais moi-même commande) consistait en une assiette de homard décortiqué, une portion substantielle, avec une salade de tomates, du fromage du pays (*arsenico)* et une bière, le tout pour onze drachmes !

Notre séjour à Naxos fut relativement court, car le rangement des antiquités dans la toute petite salle du collège qui les abritait permettait à peine de se consacrer aux tâches les plus nécessaires. Ce qui nous plut particulièrement comme aventure aussi fut notre première tournée à la recherche d'antiquités dans la campagne de Naxos pour prévenir les fouilles clandestines. Notre guide et ange gardien à la fois était le frêle gardien des antiquités, kyr. Nikos Gavalas. J'insiste sur *kyrios*, car je n'ai jamais entendu personne, pas même Kontoléon ou Zaphiropoulos, s'adresser à lui autrement; vraiment, N. Gavalas était un 'Monsieur' dans tous les sens qu'a ce terme en grec. Descendant d'une riche famille de commerçants de moyenne bourgeoisie, qui plus tard perdit sa fortune, il avait étudié à la fameuse école de commerce de Naxos qu'avait aussi fréquentée Kazantzakis (toutes les bonnes familles y envoyaient leurs enfants) car ses parents le destinaient au commerce. Mais lui avait autre chose en tête ; s'il étudia les sciences commerciales (économiques comme on dirait aujourd'hui) par obligation, son rêve était de devenir archéologue. Son désir était tel que, quand un poste de gardien des antiquités de Naxos fut publié, on le lui proposa ou il le brigua; moi je n'en sais pas plus, car je le connus à la fin de sa carrière, déjà âgé (selon les estimations d'une jeune diplômée d'archéologie). Mince, osseux, fumeur invétéré, portant

*Fig. 14* – Le collège de Naxos : de g. à dr. Gavalas, Kontsa, archéologue, le couple Zaphiropoulos, Vélénis architecte.

toujours un costume noir et, une moitié au moins de l'année, un long manteau noir, un chapeau mou et dès la fin de l'été un grand parapluie noir au bras. Quand nous l'avons connu, il vivait avec sa mère dans leur maison néoclassique du front de mer (la seule que le Service archéologique a pu sauver après une longue lutte) ; chasseur et par conséquent grand marcheur, c'était le meilleur informateur sur les antiquités à Naxos (Kontoléon disait qu'il chassait les antiquités plutôt que les oiseaux). Du reste, c'est à lui que l'on doit la découverte de la nécropole mycénienne que Zaphiropoulos fouilla l'année suivante, à Kamini, un peu plus loin au nord de Chôra.

Non content de vouer un culte à l'Antiquité, il avait une profonde connaissance de la littérature grecque ancienne et particulièrement des textes homériques. Or, à sa grande désolation, aucun professeur n'amenait ses élèves dans la salle du collège qui abritait les antiquités pour leur faire cours à ce sujet (*Fig. 14*). Aussi dès qu'il voyait des jeunes passer devant la salle, il les appelait et leur parlait autant qu'il le pouvait en commençant par Homère. Nous ne nous lassions pas de l'écouter. Malgré son caractère solitaire il avait beaucoup d'humour et pratiquait parfois l'auto-dérision, si bien que les soirées auxquelles se joignait kyr. Gavalas étaient particulièrement agréables (*Fig. 15*).

Avec kyr. Gavalas comme guide nous avons découvert la campagne de cette île importante du centre de l'Égée où même la nature a une grandiose sévérité et exerce un charme irrésistible, apportant parfois à celui qui y vit une plénitude intérieure sortant du quotidien. Mais je reviendrai sur Naxos.

*Fig. 15* – L'équipe archéologique à Naxos autour de N. Zaphiropoulos :
à g. le frère de Gavalas et à dr. Kyr. Gavalas ;
à l'arrière Photini Zaphiropoulou et Kiki Lebessi.

*Fig. 16*– Carte de Paros, Antiparos, Despotiko.

## Paros et la fouille de Despotiko

Je pense que nous avons pris le *Panteli* qui nous a laissés au port un soir d'octobre, par un temps clair d'automne qui, dans les Cyclades, est toujours plus estival qu'à Athènes. C'était le soir et les seules constructions existantes étaient deux très beaux moulins, un petit café pour les voyageurs et l'hôtel Konté où nous avons atterri. L'un des moulins fut démoli plus tard et transféré cinq ou six mètres en arrière pour devenir l'extrémité arrondie du bâtiment qui est aujourd'hui entre les hôtels Konté et Oasis et abrite des agences (un exemple caractéristique de la « mise en valeur » stupide et surtout absurde qui détruit une création humaine au détriment de l'homme). L'ancien petit café de Latsos, qui veillait avec les voyageurs qui attendaient le bateau, a été agrandi et transformé en agences, en cafétéria – horrible mot en grec ! –, en fast food…

Il fallait nous mettre en quête de nourriture et nous commençâmes par traverser un endroit désert, sans aucune construction, jusqu'au début du marché où on nous avait dit qu'on trouverait à manger dans la rue principale ; au fond, on tournait à gauche pour trouver l'église des Saints-Anargyres et, juste avant celle-ci, sous la maison qui est mitoyenne avec l'église, s'ouvrait un passage qui était une impasse (cette très belle maison néoclassique Dimitrakopoulou s'est

*Fig. 17* – L'équipe à Paros : au centre « Monsieur l'éphore », les deux Naxiens, et les deux dames, Photini Zaphiropoulou (à dr.) et Kiki Lebessi (à g.).

écroulée il y a quelques années et a finalement fait l'objet d'une restauration). Là, à gauche, se trouvait la gargote de Francescos et d'Archontoula, qui restaient ouverts à une heure pareille en attendant les voyageurs affamés comme nous, qui arrivaient avec le bateau de ligne. Ils officiaient dans une salle voûtée, chaude et propre, avec des nappes de tissu à carreaux et, dans de petits verres à vin, des fleurs qui devaient provenir de la cour. Francescos était le type même du cuisinier que j'imaginais d'après mes livres d'enfant : imposant, avec un corps tout rond, un tablier impeccable sur son ventre, corpulent, une publicité vivante pour sa bonne cuisine. Il s'occupa de nous tout de suite, « nous les pauvres gens fatigués », en nous recommandant de goûter sa *patsa* « qui fait du bien et repose ». Les autres tout heureux en commandèrent pour tout le monde et moi, qui mangeais pour la première fois cette 'mixture' sur laquelle je n'avais entendu que des mots peu flatteurs dans ma famille bourgeoise, je sentais la terre s'ouvrir pour m'engloutir. Je fis de nécessité vertu et je mangeais par gêne en me jurant intérieurement de ne jamais plus y toucher. Comment aurais-je pu imaginer que plus tard après un voyage par grande tempête, j'en mangerais à nouveau et qu'il deviendrait un de mes mets préférés. Mais si ce premier soir je n'ai pas apprécié à sa juste valeur ce merveilleux plat que Francescos et sa femme préparaient avec amour, par la suite, je devins une de leurs plus fidèles clientes.

À cette époque à Paros, les antiquités (dont la plupart provenaient des anciennes fouilles allemandes du début du siècle) étaient gardées (ou plutôt entassées) dans des cellules de la Katapoliani ; il y avait un seul gardien, le tailleur Michalis Gennadopoulos qui avait, semble-t-il, obtenu ce poste parce qu'il était blessé de guerre. Naturellement cet homme, comme il n'y avait pas de musée, gardait les clés des cellules où se trouvaient les antiquités et travaillait à sa boutique de tailleur ; quand arrivait un archéologue ou un étranger ami de l'Antiquité, on allait le trouver et Gennadopoulos le conduisait aux cellules, attendant bien sûr le pourboire relatif à sa peine. Cette procédure se répéta, avec quelques variations, quand nous arrivâmes. On l'avait prévenu et il attendait l'Éphore, son supérieur hiérarchique, devant les cellules qu'il avait nettoyées à la hâte pour l'occasion (en espérant, j'imagine, que cette visite gênante ne durerait pas longtemps) et il regardait sans cesse sa montre pour voir quand il serait débarrassé de nous pour retourner à sa boutique. Par conséquent on peut facilement comprendre l'effet que lui fit l'annonce que non seulement nous restions, mais que nous allions faire des fouilles à l'extérieur de Paros, au bout du monde, sur un îlot désert, en plein hiver ! Et lui, il aurait pour tâche d'envoyer des vivres et des fournitures pour cinq personnes : Zaphiropoulos, un, nous deux les femmes archéologues et deux ouvriers naxiotes spécialistes de la fouille car ils avaient travaillé des années avec Kontoléon, qui les avait recommandés au nouvel Éphore de la région (*Fig. 17*). Les Naxiens étaient deux frères, Petros et Stelios Frankiskos, précieux pour leur expérience de fouilles et plus généralement pour les questions de la vie quotidienne, un grand avantage dans ces circonstances puisque M. l'Éphore avait décidé que la meilleure solution était de nous installer dans des tentes près des fouilles et de nous faire envoyer l'approvisionnement depuis Paros, ou que les ouvriers nous apportent quelque chose ; je ne me souviens pas bien, mais ils étaient, je crois, probablement tous d'Antiparos, des paysans, pêcheurs pour la plupart, qui faisaient le déplacement chaque jour.

Nous, sans bien comprendre tout cela, nous jouissions de ces merveilleux jours d'automne, chauds et lumineux, éblouies par les jardins qui s'étendaient dans tout Paroikia, surtout par les ibiscus magnifiques, de la taille de petits arbres. Ils se trouvaient partout, dans les jardins, dans les rues, devant et à côté des églises, des boutiques (sauf à Rhodes, je n'ai jamais vu jusqu'à ce jour de tels ibiscus en Égée). J'ai encore de vieilles photos en noir et blanc avec des ibiscus dans les cheveux, où tout heureuses nous nous esclaffons devant l'objectif. Les tentes arrivèrent, prêtées par l'armée (je ne sais pas d'où elles venaient). On trouva un caïque qui transporterait hommes, provisions de bouche (*koumpanies*) et outils. Un matin ensoleillé, nous partîmes, nous les jeunes nageant dans le bonheur à l'idée de l'aventure qui s'annonçait. Mais quelle ne fut pas notre surprise de voir que Michalis Gennadopoulos était de la partie (pour quelles raisons avait-il décidé de venir, je l'ignore : pour se divertir, pour découvrir un nouvel endroit, pour se reposer ? Qui sait ?). Et nous, ignorantes de l'endroit où nous allions, nous avions emporté des livres pour lire de l'archéologie (!), mais aussi des romans. Entre temps, nous avions appris où se trouvait ce fameux Despotiko: au sud-ouest d'Antiparos qui est une petite île, assez allongée, le long de la côte sud-ouest de Paros (*Fig. 16*); en tenant compte que Paroikia est dans la partie nord-ouest de Paros, il fallait longer toute la côte ouest jusqu'au sud d'Antiparos, et ensuite aller plus au sud, puis à l'ouest pour arriver dans la baie où, quelque part à l'abri du vent, nous camperions entre les lentisques et autres buissons.

L'endroit s'appelait Zoubaria, dans la partie nord-ouest de Despotiko, soit du côté opposé à Antiparos, face à la mer. Quand nous sommes arrivés, c'était l'après-midi et il régnait une paix irréelle que seule la lumière de la campagne cycladique peut offrir. Les Naxiens et quelques autres ouvriers (il semble que des ouvriers étaient avec nous ce jour-là) commencèrent à dire qu'il fallait se presser de monter les tentes car la nuit allait tomber. Et nous, sans expérience, nous nous étonnions de cette hâte, car le soleil était encore haut; mais quand ils eurent fini, trois grandes tentes et une petite pour l'Éphore (*Fig. 18-19*), la nuit était venue et seule la vive lumière des étoiles nous apportait de l'aide.

Enfin à la lumière de la lampe (une lampe tempête, comme celle des bateaux, faite pour ne pas s'éteindre avec le vent, mais qui éclaire faiblement) nous commençâmes à ranger nos affaires, puisque nous les filles, forcément pour nous faire honneur, nous avions une tente pour nous toutes seules. Dans l'autre tente, la grande, logeaient les Naxiens et le kyr. Michalis, la troisième étant réservée aux provisions, outils et antiquités qu'on trouverait, et aux repas communs. La première nuit se passa bien, du moins pour moi qui ai un bon sommeil, bercée par les bruits de la nature et par les lointaines ondulations des vagues. Le lendemain matin on commença à chercher des tombes et quand on trouva la première, on était les plus heureux du monde. Le soir on dîna à la tombée du jour et bien sûr le menu se composait de conserves, principalement des sardines et des boulettes de riz roulées dans des feuilles de vigne, toujours avec beaucoup de citron que «Monsieur l'Éphore» considérait comme le remède universel, des microbes à l'intoxication; nous avions bien sûr avec nous une pharmacie de secours avec les produits de première nécessité, c'est-à-dire de la teinture d'iode, de l'alcool et des anti-histaminiques contre les morsures de serpent, et c'est tout. Je ne pense pas que quelqu'un aujourd'hui oserait partir dans un endroit aussi isolé avec ce seul type de pharmacie. Si ma mémoire est bonne, le troisième soir, les ouvriers du pays à peine partis, Petros qui se promenait toujours dans les environs pour repérer les antiquités et des tombes (les fameux *surveys* d'aujourd'hui avec des équipes spécialisées) revint plus vite que d'habitude en disant que le temps ne lui semblait pas sûr, malgré le calme plat qui régnait à cette heure et que nous ferions bien de renforcer solidement nos tentes; cela nous sembla excessif et on n'y attacha pas grande importance. On se prépara à manger autour du feu, car le soir l'humidité nous transperçait et Stelios était expert pour allumer un feu dans un endroit clos, une tente dans notre cas, pour se réchauffer sans risque d'incendie (la tente n'était pas en matériaux ininflammables); avec la chaleur, la conversation, les chansons douces et le petit vin, le temps passa et on alla se

*Fig. 18*– Le campement à Despotiko : « Monsieur l'Éphore », les deux Naxiens, Photini Zaphiropoulou et Kiki Lebessi.

*Fig. 19*– Le campement à Despotiko : « Monsieur l'Éphore » et les deux Naxiens.

coucher. Les grandes tentes étaient confortables et soutenues en leur centre par un poteau épais et de belle taille. Brusquement au milieu de la nuit, nous sommes réveillées par un fracas épouvantable de choses qui tombaient autour de nous dans un nuage de poussière et avec un vent qui balayait tout sur son passage. C'était une tornade (le *bourini*) qui s'était levé ! Nous passâmes la nuit à essayer surtout de tenir nos vêtements pour qu'ils ne s'envolent pas avec les valises, mais aussi les fameux livres que nous avions eu la naïveté d'emporter. Comme le vent soufflait en rafales, à peine disions-nous dès que nous pensions être sauvés, un autre coup de vent suivait et, zut, il fallait recommencer. Les ouvriers n'étaient naturellement pas venus à cause du temps et nous étions seuls à nous protéger des éléments qui se déchaînaient. Petros et Stelios couraient d'une tente à l'autre pour les consolider et Zaphiropoulos les aidait comme il pouvait, tandis que Gennadopoulos courait de tous côtés, épouvanté. Quelque part autour de midi le vent se renforça encore et s'en prit à notre tente, de bas en haut, arrachant les cordes qui la tenaient au sol ; résultat, toutes nos affaires, vêtements, valises, livres, carnets de fouilles, étaient prêtes à s'envoler dans une direction inconnue. À ce moment-là, nous étions seules avec Gennadopoulos, en état de panique. Nous nous précipitons toutes les deux à l'intérieur pour retenir ce que nous pouvions et c'est alors que la grosse colonne centrale de la tente se mit à bouger et à pencher, prête à nous écraser. Nous nous jetons dessus en essayant de la retenir et en appelant à l'aide ; personne n'entendait, car ils étaient dans les autres tentes, sauf Gennadopoulos. Alors je me mets à hurler en lui criant de venir m'aider, car Kiki Lebessi était pratiquement ensevelie sous les toiles qui s'agitaient et elle ne pouvait plus bouger, mais il était paralysé par la peur. Il me répondait : « Je suis là, j'arrive... » et il restait à l'extérieur sans faire un pas. Il semble que les autres virent la tente qui tombait et se précipitèrent pour nous sortir de là ! Le *bourini* s'acheva par un déluge de pluie qui dura toute la nuit et ne laissa de sec que l'endroit où l'eau ne gouttait pas et où chacun d'entre nous s'était niché. Cette pluie donna le coup de grâce au Kyr. Michalis Gennadopoulos. Toute la nuit, sans laisser les autres, à moitié trempés, fermer l'œil, il suppliait Dieu d'avoir pitié de lui parce qu'il avait une famille et qu'est-ce qu'elle deviendrait s'il lui arrivait malheur à lui ; au point du jour, ne sachant ce que Dieu lui réservait ce jour-là, il demanda sérieusement à « Monsieur l'Éphore » s'il ne pensait pas qu'il serait plus utile en allant à Paros et en s'occupant depuis là de nous envoyer tout ce dont nous avions besoin. Et c'est ce qui arriva.

Notre séjour à Despotiko ne connut pas d'autres moments aussi forts, sans pour autant manquer d'aventures, ne serait-ce que parce qu'un deuxième chantier de fouilles fut bientôt ouvert là où avaient été trouvés les fondations d'un grand édifice : d'après Zaphiropoulos, elles appartenaient peut-être à un temple archaïque, hypothèse confirmée par des fouilles récentes qui ont mis au jour un important sanctuaire. Cet endroit se trouvait de l'autre côté de l'île et nous y allions à pied chaque matin. Nous revenions le soir au campement, éloigné de trois ou quatre kilomètres, au milieu des rochers, au lieu-dit Mandra, en face de la côte Ouest d'Antiparos, toute proche, celle d'Aï Giorgi, où il n'y avait alors qu'une taverne à poissons, exactement en face de la fouille, où l'on faisait quelquefois un saut pour manger un plat cuisiné, qui nous changeait des conserves. Un autre sondage archéologique eut lieu sur un grand récif avec très peu de terre, entre les deux côtes de Despotiko et d'Aï Giorgi, ce qu'on appellerait aujourd'hui un îlot rocheux, à Tsimintiri. Partout nous trouvions des antiquités et notre vie avait pris peu ou prou le sens que nous attendions avec l'ignorance de l'innocence et l'optimisme de la première jeunesse, à savoir que l'Archéologie était ce qu'il y avait de mieux dans la vie!

Nous sommes restés au moins trois semaines à Despotiko, peut-être un peu plus, et nous sommes revenus à Paros un après-midi au coucher du soleil. Ce jour-là une affaire préoccupait tous les gens, du patron de l'hôtel, kyr. Konté, jusqu'au batelier et à l'épicier, kyr. Dimitri « Le Diplos » – chez qui nous allâmes régler nos dettes – : un grand caïque de pêche, chargé de caisses de homards qui attendaient de partir par le bateau postal pour le Pirée, avait subi des dégâts causés par un ennemi du propriétaire, disait-on. Voici ce qui était arrivé : alors que le caïque était à l'ancre un type alla en cachette jeter plusieurs poulpes (*octapodes*) vivants entre les cages des homards, lesquels crevèrent de peur ; et des homards morts sont bons à jeter parce que, dit-on, leur chair se transforme en eau. Je ne vous dis pas si cela m'a impressionnée !

Il faut que je rapporte ici, parce qu'elle est révélatrice de l'époque et des rapports humains qui se sont malheureusement presque perdus de nos jours, l'autre expérience que j'ai vécue à l'occasion de cette première fouille. Quand nous sommes revenus à Paros cet après-midi-là, il nous restait pas mal de conserves, car, entre-temps, Gennadopoulos nous en avait envoyé. Nous allons donc régler l'épicier chez lequel il s'était approvisionné pendant tout ce temps et je vois qu'il lui avait fait crédit, notant simplement ce que nous prenions et en disant que quand la fouille serait terminée et que nous lui rapporterions ce que nous avions en trop, il ferait alors la dernière addition. Je ne pense pas qu'il y ait aujourd'hui des gens qui pensent cela, encore moins qui le fassent. En tout cas cette épicerie, « Le Diplos » dans l'Agora, est une des rares qui soit restée jusqu'à aujourd'hui comme elle était alors. Le kyr. Dimitri n'est plus jeune, comme nous tous, mais la famille continue la tradition. À l'époque de la carte de crédit, ils n'utilisent que rarement une simple calculatrice, pour le meilleur et pour le pire j'imagine, car d'habitude ils font l'addition à la main comme autrefois, et ils continuent à vendre des produits de Paros – câpres, ail, fromages, œufs frais, pois chiches –, mais aussi des conserves de sardines et des feuilles de vigne farcies comme autrefois. Magnifique ! Et qu'on reste loin de la mondialisation, si c'est pour perdre les derniers témoins du bien vivre !

Les jours étaient courts (l'automne était avancé), quand nous fîmes des tournées à l'est de Paros ; nous logions à Tsipido, aujourd'hui Marpissa, où nous fûmes reçus pour quelques soirs dans une maison de maître, car nous aidions

*Fig. 20* – Lions dans une feuille d'or provenant d'Aplômata à Naxos.

*Fig. 21* – Hydrie avec filtre et figures dansantes (XII$^{e}$ siècle).

l'île dans la répression des fouilles clandestines qui n'étaient peut-être pas aussi florissantes qu'à Naxos, mais ne leur cédaient pas de beaucoup. Je me souviens des marches sur la colline au-dessus de Tsipido, sur le Kephalo avec ses versants abrupts où les champs étaient alors pleins de fragments de vases en marbre, de céramique tous d'époque préhistorique (III^e^ millénaire av. J.-C.). Nous imaginions dans notre enthousiasme que, dès que le Ministère recevrait nos rapports, il nous enverrait des crédits pour des recherches dans la région. Et moi je rêvais que dès que j'aurais passé le concours pour entrer dans le Service archéologique, je serais nommée dans les Cyclades et que je ferais ma première fouille cycladique sur la colline de Tsipido. Avec le temps j'ai appris que la plupart des rêves de jeunesse restent des rêves.

Par la suite « Monsieur l'Éphore » commença une fouille à la Chôra de Naxos, précisément à Kamini, un peu plus loin que Grotta et Aplômata où, comme je l'ai dit, Kontoléon travaillait avec l'université d'Athènes, mettant au jour surtout des tombes, mais aussi des secteurs de la ville protocycladique de Naxos (III^e^ millénaire av. J.-C.) ainsi que des bâtiments de l'époque classique. À Kamini, sur une petite hauteur au nord-ouest de la route qui mène de la Chôra à Engares, pas très loin des abattoirs, kyr. Gavalas avait repéré la présence d'antiquités depuis longtemps ; il en informa le nouvel Éphore et eut la joie de voir fouiller l'endroit qu'il avait montré – dans son for intérieur il craignait que le site ne soit pas important pour les archéologues. Je crois cependant que c'est pour lui faire plaisir que Zaphiropoulos commença immédiatement les fouilles, mais kyr. Gavalas avait vu juste : il s'agissait d'une très importante nécropole mycénienne (XII^e^ siècle av. J.-C) qui donna des trouvailles de valeur, certaines même uniques pour l'époque (*Fig. 20-21*).

L'hiver était venu pour de bon, le mois de novembre avec ses pluies et le froid, pas trop mordant, qui va avec. La fouille était plein nord et même si plusieurs tombes étaient protégées par les parois de la colline, il nous fallait mettre des gants pour dessiner ; et lorsqu'il se mettait à pleuvoir, nous protégions notre dessin et notre carnet de fouille plutôt que nos personnes. Je me souviens qu'un jour où il pleuvait sans arrêt nous dûmes recouvrir la tombe qui était en réalité une fosse assez profonde d'un peu plus de deux mètres (de type mycénien avec une chambre et un *dromos*) avec un morceau de toile imperméable ; ça dégoulinait certes un peu par endroits et nous avions l'impression d'être enterrés dans une véritable tombe. Celui qui n'était découragé ni par la pluie, ni par le froid, c'était le kyr. Gavalas qui se tenait droit pendant toute la fouille dans un endroit élevé pour avoir une vue d'ensemble, immobile dans son long manteau noir, son chapeau mou sur la tête et son parapluie noir au bras, ouvert ou fermé selon le temps. Il parlait rarement, mais rien ne lui échappait et, quand il le jugeait opportun, il faisait un commentaire bien senti, souvent avec beaucoup d'humour. Nous, bien sûr, enthousiasmées par chaque trouvaille, nous exprimions notre joie de toutes les manières possibles, moi surtout qui étais la plus impulsive. Quand on trouva un sceau en pierre avec, je pense, une intéressante représentation, le kyr. Gavalas ne se trouvait pas là et plus tard, quand on le lui montra, il demanda : « Mademoiselle Photini l'a-t-elle vu ? » et à la réponse affirmative, il eut cette réplique inimitable : « Elle n'a pas explosé ? ». Il faut que j'ajoute que pendant toute la durée de la fouille, qui n'était pas dans la ville, mais à dix minutes de marche, nous avions toujours autour de nous des Naxiens qui suivaient le déroulement des opérations avec grand intérêt et nous demandaient toujours : « Alors, qu'avez-vous trouvé aujourd'hui ? C'est de Naxos ou c'est importé ? ». Et ce n'étaient certainement pas, pour la plupart, des gens désœuvrés.

# LA VIE D'UN SAVANT, FONCTIONNAIRE GREC

En décembre de cette année 1959, le concours d'entrée dans le Service Archéologique avait été annoncé. Je quittai les Cyclades, je passai avec aisance le concours et, en mars de l'année suivante, je fus nommée dans le Service archéologique, précisément à l'Acropole pour une période de première formation qui dura jusqu'à la fin de l'année. Pendant cette période, je faisais des sauts d'un ou deux jours dans les Cyclades, surtout au moment où il y avait des fouilles, comme celle de Kamini, qui se poursuivait. Et un soir, comme j'arrivais en bateau, je vois toute l'équipe, même les ouvriers, qui m'attendaient sur le quai. Ce jour-là, ils étaient fous de joie parce qu'ils avaient fait une trouvaille réellement exceptionnelle : quatre lamelles en or avec des représentations d'enfants à ce qu'il semblait. Une trouvaille extraordinaire ! Bien sûr, ils me reçurent en chantant : « un, deux, trois, quatre enfants... », le succès de l'époque, *Les enfants du Pirée* de Hadzidakis, qui faisait fureur alors avec Mélina.

La vie continuait de s'écouler. Pour mon premier poste officiel, je fus nommée à Thessalonique où je restai trois ans et demi et je revins dans les Cyclades peu après l'assassinat de Kennedy (22 novembre 1963) ; c'est là où j'ai vécu des événements bouleversants comme l'assassinat de Lambrakis, dont je ne compris que beaucoup plus tard l'importance, comme, je pense, la plupart des Grecs.

Les musées de Myconos et de Délos étaient à peu près dans l'état où je les avais laissés, avec la différence que « ça tournait rond ! », comme on dit. On avait commandé les nouvelles vitrines, celles dessinées par Zaphiropoulos lui-même. L'extension des bâtiments pour les deux musées avait été approuvée et beaucoup de statues de Délos, redressées, voyaient à nouveau la lumière délienne. Les bancs construits avaient disparu des salles qui ressemblaient désormais à des salles de musée et le rangement des réserves avait avancé.

La différence était que je n'étais plus assistante scientifique, mais Épimélète des antiquités, c'est-à-dire fonctionnaire titulaire, situation qui ne convenait pas du tout à mon caractère ; cette différence perdure aujourd'hui, mais c'était alors quelque chose qui dépassait l'entendement d'un être jeune qui débutait en rêvant d'une vie pleine d'intensité et d'imprévus, à laquelle la discipline qu'il avait choisie donnerait du sens et des joies sans fin. Désormais, ce n'était plus seulement les soucis de la fouille (carnet de fouilles, dessin, personnel compétent, etc.), c'était un travail de bureau effrayant, 'chronophage', puisque l'archéologue, employé de l'État, fait de l'administration, ce qui signifie qu'il gère la paye et les congés du personnel, comme la recherche des crédits pour la réparation des bâtiments, la présentation et la conservation des sites archéologiques etc...Non qu'aujourd'hui la bureaucratie ait cessé d'être ce qu'elle est, mais autrefois l'archéologue débutant dans une circonscription provinciale comme l'Éphorie des Cyclades devait tenir des registres, taper à la machine, archiver, expédier les documents et surtout tenir la comptabilité pour pouvoir au moment venu disposer de fonds pour faire des fouilles, des musées, des explorations archéologiques et tout ce qui touche à son activité principale. Avec tout cela si l'on considère qu'un bon archéologue doit savoir dessiner, faire des photos, afin d'être en mesure, s'il ne fait pas lui-même le dessin et la photographie, de vérifier sa qualité, alors il faut que cet archéologue du Service public ait une dose de folie et une grande passion pour s'en sortir et avoir aussi une vie personnelle. Il faut aussi qu'il connaisse la législation archéologique pour gérer les plaintes incessantes contre des particuliers pour violation de la loi, puisque c'est lui qui est en rapport direct avec le citoyen et non les services centraux qui souvent ne couvrent pas les fonctionnaires ; ces derniers paient de leur poche l'avocat quand ils font l'objet d'une plainte pour des affaires de service, dans le cas où le particulier considère que l'État lui porte préjudice. La plupart des gens ignorent cela : quand ils ont des ennuis, par exemple si l'on trouve des antiquités dans leurs terrains et qu'une fouille n'est pas entreprise rapidement ou quand il y a expropriation et que l'indemnisation n'est pas versée à temps, les gens pensent alors que l'archéologue du secteur est le seul responsable. Ils ne savent pas que l'argent de l'expropriation peut avoir été utilisé par le ministre pour 'boucher les trous qu'il juge plus importants' ou bien que la caisse de l'État s'ouvre plus facilement pour des vitrines que pour des travaux du quotidien qui touchent pourtant à notre héritage culturel, mais aussi à la fortune du citoyen. Il s'ensuit que les archéologues du Service sont en général les plus détestés des fonctionnaires. Le public et l'État pensent qu'ils remuent des pierres pour passer le temps en dépensant l'argent des petites gens (les archéologues du Service n'ont jamais fait grève jusque-là pour des raisons économiques, malgré leurs salaires honteux). De leur côté tous les hommes politiques jugent que les archéologues sont des éléments réactionnaires qui s'opposent aux travaux de mise en valeur tels qu'ils les conçoivent.

Une anecdote vaut la peine d'être rapportée. Je ne crois pas qu'un autre fonctionnaire dans toute la Grèce puisse faire état d'une telle chose. À Naxos, dans les années soixante, il n'y avait qu'un gardien, et même s'il s'agissait de kyr. Gavallas, il était âgé. En raison du trafic d'antiquités, il n'était pas facile de proposer quelqu'un comme gardien. À cette époque c'étaient les archéologues de la région qui connaissaient les gens et les choses, qui faisaient le rapport en vue de l'embauche et il était rare que la proposition ne soit pas acceptée par le Département central qui, du Directeur général jusqu'au plus jeune Chef de division, étaient tous des archéologues. Nous avions donc trouvé deux jeunes gens très compétents, venant d'un secteur peu connu pour le trafic d'antiquités, que nous employions même dans d'autres îles quand nous avions des crédits, pour ne pas les perdre. Soudain, plus d'argent ! Mais nous apprenons que la décision d'embauche a été signée et que deux postes ont été attribués à Naxos. Or les jeunes gens avaient absolument besoin de trouver du travail pour vivre. Alors nous décidons, Zaphiropoulos, Tsakos, le plus jeune de nos collègues à l'Éphorie, et moi, de prélever une petite partie de notre salaire – qui était si élevé ! – pour la leur donner pendant un certain temps, en espérant que les postes seraient publiés et qu'ainsi nous ne les perdrions pas. Bien sûr, avec la perspective d'une nomination dans le secteur public, eux-mêmes mirent de l'eau dans leur vin et patientèrent avec ce que nous leur donnions, heureusement pour peu de temps finalement, et ainsi Naxos ne perdit pas deux excellents gardiens. Voilà pour la folie des archéologues...

Revenons aux Cyclades ; après une très longue parenthèse au début des années soixante, je me suis retrouvée à faire toute la bureaucratie dont j'ai parlé et, pire encore, car j'étais fâchée avec les chiffres, les comptes et tout ce qui allait avec ; j'étais la seule gestionnaire comptable, puisque tous les crédits pour les travaux publics étaient à mon nom, ce qui signifiait l'établissement des bordereaux de l'IKA (Caisse des assurances sociales), le collage des vignettes de cotisation sur les carnets des assurés, jusqu'au contrôle des dossiers pour le paiement des entrepreneurs qui s'étaient chargés des différents travaux (extension des bâtiments du musée, clôture des sites archéologiques...).

À Myconos, le bureau était toujours dans la petite salle sud du musée avec son haut plafond, les vagues venant preque battre les marches, et deux des fenêtres du sud occupées en permanence par des nids d'hirondelles qui ne laissaient libre qu'un petit bout de la vitre. Doumas, qui avait été en poste dans les Cyclades pendant que j'étais à Thessalonique et dont je pris la suite, était arrivé à persuader « Monsieur l'Éphore » d'acheter un petit poêle portable, de ceux qui servent au chauffage individuel, pour essayer de couper un peu le froid, mais ce n'était vraiment qu'un maigre réconfort dans un espace de 5 m de haut, dallé de marbre, en bordure de mer et battu par les vents du Nord de l'Égée qui faisaient rage tout autour. L'accord pour l'agrandissement du musée comprenait aussi la construction d'une maison pour l'Éphore et pour l'Épimélète, – titre des nouveaux archéologues avant de devenir Éphore –, la réfection de ce qui nous servait jusque-là de logement pour en faire un bureau ainsi que l'aménagement de la cour. Tous ces travaux durèrent environ huit ans pendant lesquels nous nous efforcions de vivre le moins inconfortablement possible dans de telles conditions, tout en nous demandant pourquoi les travaux s'éternisaient. Le logement que nous occupions était tout sauf une maison, puisque les WC, la salle de bain, la cuisine (?), tout tenait dans une grande pièce carrée avec dans un angle une table et, dessus, une plaque chauffante pour faire quelque chose de rapide, un café... Dans un autre angle se trouvait la cuvette des WC, à côté le lavabo et, encore plus près, en hauteur, la pomme de douche, pour une douche froide et, comme il n'y avait pas d'eau courante, on remplissait une citerne souterraine dans la cour et on tirait l'eau avec une pompe à main.

De même, je ne dirai pas que les chambres à coucher étaient l'endroit idéal pour le repos et la détente : un simple divan avec une petite table à côté, deux chaises et un placard vermoulu, voilà les meubles que laissa Ilias Droufakos, neveu de Kontoléon et contremaître à Délos, quand il libéra la chambre pour se marier et déménager dans une habitation plus humaine. Malheureusement je découvris très vite que cette pièce froide et inhospitalière n'était pas le seul problème de l'occupant qui voudrait y trouver un peu de chaleur. Tout ce vieux bâtiment était légèrement surélevé par rapport au sol et avait de petites ouvertures, qui aéraient, soi-disant, le plancher, sur les côtés en bas du mur extérieur, donnant sur la cour arrière du musée. Ce n'était pas seulement l'air qui circulait mais d'autres éléments de la nature, comme des souris dont certaines avaient, c'est vrai, une adorable binette quand elles faisaient une apparition éclair dans la salle de séjour autour du fameux canapé de Pippas, ou entre les armoires à livres, avant de disparaître dans une fente. Jusque-là on avait pris le parti de cohabiter avec elles, jusqu'à la fin des travaux qui traînaient en longueur. Mais une nuit où j'étais toute seule à la 'maison', – « Monsieur l'Éphore » était absent et Kyriakos n'était pas resté dormir ce soir-là –, je sentis dans mon sommeil un contact chaud et velouté sur mon visage ; c'était une adorable (!) petite souris qui faisait une petite promenade sur mon oreiller et, évidemment, sur ma joue et mon nez. J'ai passé le reste de la nuit enroulée dans la couverture, assise et tremblante dans le canapé de Pippas en attendant le lever du jour pour reprendre le travail et en désinfectant tout ce que je pouvais, avec un résultat douteux. En tout cas, je n'ai pas eu le plaisir d'une autre visite nocturne. Bien sûr il n'y avait pas moyen de faire la cuisine et la seule solution était de manger dans un troquet. Cela allait bien l'été, il y en avait, mais ils fermaient tous en hiver et il ne restait que Sarandos, dans l'angle en face de la statue de Mantô, en montant vers Matoianni. Quand « Monsieur l'Éphore » oubliait l'heure, Sarandos envoyait sa petite fille, une mignonne blondinette, nous appeler de l'extérieur du musée, sous la fenêtre éclairée, à côté de la chapelle de La Rose immarcessible [1].

« Monsieur l'Éphore, mon père demande si vous venez ou s'il ferme ? » « On arrive, on arrive... » et nous courions pour rejoindre Sarandos, même si la petite nous avait précédés et lui avait dit d'attendre avec les plats au chaud.

« Monsieur l'Éphore » avait engagé des travaux dans d'autres îles des Cyclades, si bien que nous étions en permanence sur un bateau, avec à la main

1. Qualificatif de la Vierge dans la tradition orthodoxe.

la machine à écrire et les dossiers pour travailler pendant le voyage qui souvent durait plusieurs jours. À Paros, il y avait une salle longue et étroite, mitoyenne avec une salle du collège, à l'est de la Katapoliani, où avaient été transportées les antiquités: la plupart étaient des sculptures dont on commençait l'exposition, avec les conseils, pour certains travaux difficiles, de Christos Karouzos qui avait Zaphiropoulos en grande estime. Kyr. Michalis Gennadopoulos était toujours là et avait commencé à s'habituer à son état de fonctionnaire, avec un supérieur qui venait souvent à Paros et pour de longs séjours où il travaillait d'arrache-pied: fouilles, clôtures de sites (comme au sanctuaire d'Apollon délien d'un accès difficile, sur une colline au nord de Paroikia où le matériel ne pouvait être acheminé que par des animaux), opérations de collecte d'antiquités, travail où il était le seul obligé d'aider. Bien sûr, il était toujours peureux et d'un caractère difficile, mais faisant de nécessité vertu, il se soumettait aux besoins du service.

Une fois, il dut nous accompagner à Antiparos pour transporter une statue, plus exactement un buste de *korè* que les gens ne voulaient pas laisser partir de l'île (*Fig. 22*). Zaphiropoulos fit semblant de battre en retraite et le laissa à la gendarmerie d'Antiparos; quelques mois plus tard, quand l'affaire fut oubliée, il

*Fig. 22* – Korè archaïque d'Antiparos.

s'entendit avec la gendarmerie et alla le chercher. Nous sommes partis avec un petit camion de Paroikia pour Pounta, l'endroit où la distance est la plus courte entre Paros et Antiparos ; là nous avons ouvert la porte d'une chapelle, la seule construction du coin (à l'exception d'une ou deux maisons basses d'agriculteurs et d'une taverne) qui dépassait et se voyait donc de la côte d'en face, pour qu'une barque, mais à moteur, vienne nous prendre. L'ouverture de la porte de la petite église de la Présentation du Christ au Temple était le signal pour que la barque parte d'en face, sachant que quelqu'un voulait passer à Antiparos ; aujourd'hui il y a un ferryboat toutes les demi-heures entre Pounta et Antiparos, et un gros bateau qui relie directement Paroikia à Antiparos. Quand la barque arriva et que nous y fûmes montés, un ouvrier, le kyr. Michalis Gennadopoulos, Zaphiropoulos et moi, il me sembla que Gennadopoulos, ce matin-là, était plus gros qu'il ne paraissait d'habitude et assez pâle. Je lui demande ce qu'il a, il marmonne une réponse et, en silence, il surveille la traversée jusqu'à ce que nous descendions et allions à la gendarmerie. Là, après des formalités, on peut dire sommaires, nous prenons le buste, enveloppé dans un sac de jute pour ne pas attirer l'attention, nous le chargeons sur la barque et nous entamons le retour. À peine à terre et la statue sur le camion, quand la barque d'Antiparos se fut éloignée, je vois Gennadopoulos qui commence à enlever des habits et qui retrouve ses dimensions habituelles, ainsi que la couleur naturellement rougeaude de son visage. Qu'était-il arrivé ? Craignant qu'on reçoive des coups, il avait empilé tout ce qu'il avait comme vestes, pullover, épaisses chemises, ainsi qu'une grande croix sur la poitrine à la place du cœur, de façon à être protégé par ses vêtements, si on le frappait.

# THÉRA

À Théra, le vieux musée, parmi les premiers de Grèce, avec Délos et Myconos, était en ruine depuis le séisme de 1956 ; quand Zaphiropoulos entra en fonction, le nouveau, où furent transférées les antiquités, était déjà construit (à la place de l'ancien, il y a aujourd'hui la Métropole) ; on commença l'étude pour la présentation des objets vers le milieu des années soixante. Zaphiropoulos avait alors pris la Direction des Antiquités au Service central du Ministère, mais il avait déjà dessiné et commandé les vitrines de Théra. Il restait à traiter le matériel (inventaire, choix, emplacement) avant la procédure définitive de mise en place dans les vitrines, en fonction des plans qu'il avait conçus.

Comme j'avais pris la direction de l'Éphorie, je transportais nécessairement une machine à écrire, des documents et différents papiers pour expédier à Théra le travail administratif du Service. Comme j'avais un peu de travail à Paros, je pris un bateau qui n'allait pas jusqu'à Théra [1] et je descendis à Paros, en laissant toutes mes affaires au café du port. Quand j'eus terminé mon travail, je m'enquis de l'heure du *Pantélis*, dont l'agent et la police du port m'assurèrent qu'il passait après 10 h du soir. Je décidai donc d'aller dans un cinéma en plein air qui était à dix minutes du port. On jouait un film grec qui se passait à Monemvasia, site qui m'avait bien plu quand j'y étais allée, aussi je voulais le voir ; de toute façon, la séance se terminait vers 9 h 30. Vers la fin du film, il y avait un bateau de ligne, le *Myrtidiotissa* qui entrait dans le port de Monemvasia en sifflant et que je connaissais parce qu'il desservait aussi les Cyclades. Son sifflement m'était familier, mais il me sembla un peu différent ; quelques minutes plus tard, le film se termine, je sors et en allant vers le port je tombe sur le *Pantélis*, qui manœuvrait avec souplesse pour quitter le port. Et c'est son sifflement que j'avais entendu, qui m'avait paru différent et

1. Comme je l'ai dit, pour aller de Myconos à Théra, il fallait passer par Syros, y rester une nuit, et de là prendre un bateau de la ligne Paros-Naxos-Théra.

non pas celui bien connu du *Myrtidiotissa* car il se trouva que le bateau du film et celui bien réel du port sifflèrent en même temps. Je n'en croyais ni mes oreilles ni mes yeux, puisque l'agent du bureau et les autorités portuaires m'avaient garanti l'heure du bateau. Ce qui voulait dire que si je n'arrivais pas à le prendre, j'allais rester à Paros trois jours à attendre le prochain bateau pour Théra. Je me mets à courir, j'arrive sur la jetée, au moment où la dernière barque faisait retour et n'était pas à quai, venant juste d'amener ses passagers sur le *Pantélis*, qui manœuvrait dans le port la proue vers l'extérieur, devant l'agent du bureau et les autorités portuaires. Je les prends littéralement à la gorge en criant (ou plutôt en hurlant) qu'ils m'avaient donné une fausse information ; ils m'avaient peut-être reconnue (car il y avait peu de passagers), ou ils voulurent se débarrasser de moi quand ils virent mon air agressif, en tout cas ils avertirent le capitaine Giorgi de s'arrêter ; ils sautèrent avec moi dans la barque, et comme on ne pouvait pas redescendre les échelles, ils me balancèrent par le *barquarizô*, une petite ouverture de secours pour les paquets. Et me voilà dans le bateau, avec seulement un sac contenant l'argent et les papiers essentiels, mais ayant laissé tous les autres bagages, il devait bien y avoir dix paquets, au café du port. Entre temps, Zaphiropoulos, qui venait d'Athènes et avec qui nous avions convenu de nous rencontrer à Paros, ne m'ayant pas vu monter pendant que le bateau chargeait, avait pensé que j'avais terminé à Paros plus rapidement que prévu et que j'étais passée à Naxos, qui me plaisait davantage, pour attendre le bateau.

Imaginez sa surprise lorsqu'il vit que le passager de la dernière minute, c'était moi et sans bagages ! Malgré le désagrément que lui procurait le spectacle d'un fonctionnaire et surtout d'une jeune femme jetée comme un sac par le *barquarizô*, il ne perdit pas son humour et me dit flegmatique : « tu voulais un film grec, reste donc sans vêtements », sans revenir sur cet incident. À peine arrivée à Théra, je téléphonais à Gennadopoulos, pour qu'il prenne mes affaires et qu'il me les expédie par le premier bateau, ce qui fut fait. Entre temps, j'ai acheté des dessous, un pyjama et une brosse à dents, car mes bagages mirent trois jours pour arriver.

Au musée de Théra, les vitrines pour la céramique étaient arrivées, et il fallait commencer sans traîner la préparation du matériel à exposer. Une assistante scientifique nous avait rejoints, la jeune archéologue Rodoniki Etzéoglou qui s'est distinguée ensuite comme byzantiniste au Service archéologique. Le musée se trouvait en hauteur, sur la route de la caldera qui conduit à Goula (un château fortifié sur une hauteur) puis à Phyrostéphani (aujourd'hui l'endroit par excellence des hôtels), près de là où est maintenant le téléphérique et tout près du Centre des congrès de Nomikos.

Le téléphérique était alors bien sûr connu de ceux qui avaient voyagé en Suisse, mais le commun des mortels ignoraient même le mot. La montée à Phira, la capitale, se faisait à dos de mulet depuis le port. En bas de Phira (et non pas comme aujourd'hui au port d'Athinios qui se trouve plus au sud et où l'on a bâti un port normal avec quai), la mer a une profondeur de 70 mètres et les bateaux ne pouvant jeter l'ancre s'accrochaient à des bittes d'amarrage flottantes, mais qui

*Fig. 23* – Phira et le port du bas.

par mauvais temps n'étaient pas particulièrement sûres. Les bateaux en général arrivaient au petit matin après douze heures de voyage depuis le Pirée, dont ils étaient tous partis vers 13 heures. Bien sûr, nous étions obligés de prendre des cabines qui se trouvaient à fond de cale, et on mettait des jours à se débarrasser de l'odeur du bateau (la *karavila*). À cette époque les bateaux passaient entre autres à Oia, à la pointe nord du golfe fermé de la caldera, parce qu'il n'y avait pas de route et qu'il était difficile de passer par la terre de Phira à Oia. La plupart des gens, et moi-même avant d'aller à Théra, nous pensions qu'Oia était une autre île, comme le suggéraient les informations quotidiennes sur les arrêts des *postalia* (les bateaux de ligne) diffusés à la radio : « pour Syros, Paros, Naxos, Ios, Oia, Théra ».

On abordait donc dans le temps à Phira, au port en bas (*Fig. 23*), où attendaient les agôgiates (muletiers) avec leurs mulets en rang – c'était à qui prendrait le plus de voyageurs, non seulement pour Phira, mais bien au-delà. Le spectacle était unique, quand le convoi d'animaux prenait le chemin tortueux des mille marches (*Fig. 24*) et plus, tracées dans les rochers énormes (ce n'était pas du rocher mais de la lave ou de la poussière de lave, car, à Théra, il n'y a pas de terre) avec les agôgiates, les *délaxades*, qui criaient ensemble à leurs bêtes : « *nte héla exô* » – on entendait *delax*–, c'est-à-dire « hé, viens, dehors ! », parce que, quand elles étaient chargées, les bêtes allaient d'un mur à l'autre au risque de faire écorcher les

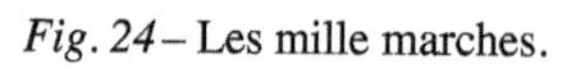

*Fig. 24* – Les mille marches.

*Fig. 25b* – Phira, vue de l'hôtel Atlantis (1960-1970).

*Fig. 25a* – Phira et l'hôtel Atlantis en haut à droite.

*Fig. 26*– Oia (1960-1970).

voyageurs. Le voyageur avait déjà eu le choc de sa vie, avec le paysage qu'on ne peut décrire si on ne l'a pas vu ; si l'on voit pour la première fois en automne, après les premières pluies, en approchant avec le bateau de la caldera fermée, briller les différentes couches volcaniques (couleur de pastèque, vert soutenu, noir…) qui sont accrochées à plusieurs mètres au-dessus d'une mer très profonde de couleur sombre, on en a le souffle coupé. Et au-dessus de ce paysage s'étend, ou mieux se répand, scintillant au soleil cycladique, la ville toute blanche de Phira (*Fig.25a-b*) ou d'Oia (*Fig. 26*) à l'architecture splendide. Voilà ce qui m'apparut au premier regard de ma fenêtre, dans ce qui était alors presque le seul hôtel, « l'Atlantis » (aujourd'hui un hôtel de luxe, alors accessible pour la bourse d'un fonctionnaire), situé presque à la pointe sud de Phira, d'où j'avais une vue panoramique de Goula jusqu'en bas. Je me souviens que le spectacle m'a laissé muette pour un moment. De Santorin, on ne peut pas dire si elle est belle ou plus belle qu'un autre endroit, c'est tout simplement un spectacle unique de la nature, que l'on ne peut manquer dans sa vie. Aujourd'hui le paysage n'a bien sûr pas changé, mais la ville est devenue un centre urbain avec tout ce que cela a de bon et de mauvais, un lieu de villégiature de luxe avec ses constructions et ses marchandises kitschs, peuplé de gens qui ne sont pas originaires de Théra et qui ne sont pas attachés à l'île et qui y viennent deux ou trois mois faire de l'argent. Mais la caldera, à toute heure du jour et à tout moment de l'année reste inchangée, mystérieuse, sauvage, et en même temps indiciblement attirante comme les sirènes d'Ulysse (*Fig. 27* et *30*).

*Fig. 27*– N. Zaphiropoulos à Phira, rêvant devant la caldera, un après-midi, au coucher du soleil.

En ce temps-là, après le milieu des années soixante, les gens se connaissaient et chacun faisait son travail avec passion. Revenons aux étagères du musée qui, je pense, furent fabriquées sur place, et plus généralement à la présentation à laquelle prirent part les quelques personnes attachées au musée (il y avait en tout et pour tout deux gardiens, un au musée et l'autre pour le site archéologique de l'Antique Théra, dans la région de Kamari, l'ancienne Oia[2]), mais aussi tous les techniciens de la région, menuisiers, vitriers, peintres, électriciens, plombiers qui avaient pris fort à cœur les affaires du musée; comme l'ancien avait été détruit par le séisme, les objets antiques dont ils étaient très fiers avaient été dispersés. Qui plus est, avec l'ouverture d'une route vers l'Antique Théra, au sud-est de l'île[3], avait été mise au jour la suite de la riche nécropole que les archéologues allemands avaient déjà fouillée, avec la ville, à la fin du XIX^e^ et au début du XX^e^ siècle. Il fallait donc tout ranger, enregistrer, restaurer et finalement présenter dans les vitrines selon le plan. Lorsque le travail fut bien avancé, Zaphiropoulos arriva d'Athènes pour contrôler

2. Aujourd'hui Oia est la dénomination de la seconde ville de l'île vers le nord. Mais il y a une autre Oia: l'Ancienne Théra au sud de l'île, sur une hauteur nommée Messa Vouno, c'est-à-dire montagne de l'intérieur, avait deux ports, un à l'ouest, Périssa, et un autre à l'est, Oia. Le site de l'ancienne Oia est aujourd'hui occupé par le village côtier de Kamari [Note des traducteurs].

3. Phira est située au milieu de la côte ouest, légèrement au nord.

*Fig. 28 a-b* – Théra, l'exposition telle qu'elle fut dessinée par Zaphiropoulos.

le résultat, puisque c'est lui qui avait dessiné et commandé les nouvelles vitrines. Il avait en fait dessiné la présentation dans sa tête, faute de pouvoir sortir les objets jusqu'alors entassés dans de vieux meubles entièrement en bois, sans vitres, installés dans les réserves dans une pièce avec très peu d'air et de lumière. À peine a-t-il vu les nouvelles vitrines, dans une salle claire avec les vases disposés comme il les avait imaginés (*Fig. 28ab*), rangés de manière à être mis en valeur individuellement mais aussi en tant qu'ensemble, qu'il s'écrie avec enthousiasme : « j'ai réussi » ou quelque chose comme ça, alors qu'il n'était pas homme à se congratuler. Nous qui nous étions éreintés pour les préparer et qui attendions avec angoisse quelques mots de félicitation, nous restâmes sur notre déception, jusqu'à ce que R. Etzéoglou, révoltée, dise spontanément : « ... dites à nous aussi un petit bravo... ».

Le soir nous allons dîner et, comme le patron était là, tous ceux qui travaillaient pour le musée commencèrent à offrir à boire ; Zaphiropoulos qui ne les connaissait pas demandait qui régalait pour le remercier en buvant à sa santé, en se tournant de son côté ; nous disons, l'électricien, un tel, un tel autre, jusqu'à ce que vienne la tournée offerte par quelqu'un qui n'avait pas d'autres qualités que d'être l'amant de la femme d'un technicien, et en même temps son ami, qui l'aidait dans son travail et qui, pour cela, jugeait qu'il était séant d'offrir la tournée. Les commentaires sont superflus, parce que la réponse à la question posée par Zaphiropoulos fut un rire général de toute la table.

Une autre histoire drôle et bien caractéristique de l'époque. Un ancien muletier, Nicolas, avait ouvert avec sa famille une gargote, qui était le seul endroit où manger correctement. Aujourd'hui, ceux qui l'ont rachetée n'ont conservé que le nom. Nicolas avec sa femme et ses deux petites filles tenaient le magasin en faisant une bonne cuisine saine, l'été habituellement un *briam*, et de la viande avec pommes de terre l'hiver. Il n'y avait jamais de poivre sur la table, mais il se trouvait dans la poche de Nicolas, qui, à la demande, le sortait de son tablier, en arrosait le plat du client et le remettait dans sa poche – car c'était une denrée chère et à consommer avec modération.

À cette époque il n'y avait pas de télévision et, surtout les soirs d'hiver, la seule distraction était le cinéma, qui se trouvait à proximité de la gargote et commençait à 9 h et quart le soir. Il semble que Nicolas et sa femme étaient des cinéphiles et ils ne rataient pas un film. Ainsi tous les lundis et les jeudis, jours où on changeait le film, à 9 h moins le quart, Nicolas ramassait casseroles et assiettes, faisant du bruit exprès pour avertir les clients qui traînaient, et, en cas de besoin, il sortait un sifflet et sifflait que c'était fini pour ce soir. Le seul qu'il respectait un peu, c'était Zaphiropoulos, mais là encore, il ne se démontait pas, si bien que souvent, le lundi et le jeudi, nous sortions en grignotant en chemin. Mais un jour, quelques affamés se rendirent tard chez Nicolas qui leur dit, pour s'en débarrasser, qu'il ne restait rien. Ils allèrent trouver la police qui lui fit des remarques et l'obligea à ouvrir tous les jours avec un horaire fixe, si bien qu'il fut obligé à la longue d'avoir une télévision : fin du cinéma et de toute une époque !

Autre souvenir de cette époque. Quand nous préparions le musée en travaillant de 8 h le matin à 8 h le soir, et au-delà, notre meilleure collation nous

*Fig. 29*– N. et Ph. Zaphiropoulos et Takis Patrikianos.

était apportée par Takis Patrikianos, le gardien du musée (*Fig.29*), au plus tard vers 9h, et consistait en des *kephtedes* de tomates, qui est un plat local. Takis était chargé de ce travail: ces *kephtedes*, il les commandait d'un jour pour l'autre à un vieux *delaxas* (muletier), qui au lieu de faire les allers-retours avec ses bêtes avait préféré ouvrir un boui-boui où il tenait tout juste, lui, sa femme et une petite cuisine de fortune, au début de la descente des escaliers. C'est là qu'il préparait les *kephtedes*, fier de ne pas laisser faire sa femme, pour le petit déjeuner des muletiers, qui, en descendant aux bateaux, s'arrêtaient, en prenaient un ou deux et continuaient leur chemin. La petite boutique faisait donc des affaires en or de 5 à 8h le matin, puis elle fermait. Un jour, pour une raison ou une autre, elle resta ouverte jusqu'à 9h et Takis en passant en prit plusieurs pour nous les faire goûter. C'étaient réellement les meilleurs *kephtedes* de tomates que j'aie jamais mangés: gros, aplatis, moelleux sans huile superflue; avec deux, du thé, du lait ou du café, on avait le meilleur petit déjeuner. À partir de là nous fûmes ses plus fidèles clients, jusqu'à la fin des travaux du musée. Le marchand resta jusqu'à ce que l'on construise le nouveau port d'Athénios, les voyageurs vinrent dès lors en voiture par la route asphaltée, les muletiers se limitèrent aux bateaux de croisière, le téléphérique fut installé, et ce fut la fin des *kephtedes* d'une autre époque, et je ne sais pas si la suivante est vraiment meilleure. En tout cas, il est bon d'en garder le souvenir et de ne pas tout jeter aux oubliettes.

Zaphiropoulos continua la fouille dont j'ai parlé, qu'il avait commencée par hasard avec les travaux sur la nouvelle route de l'Ancienne Théra, et la poursuivit pendant un quart de siècle avec de courtes interruptions (1960-1983)[4].

---

4. La nécropole de l'Ancienne Théra, en dehors de la ville au nord, s'étend sur deux versants, qui aboutissent l'un à l'est à Kamari, l'ancienne Oia, port de l'ancienne Théra, et l'autre à l'ouest dans le golfe de Perissa. Les versants partent d'un défilé, Sellada dans le dialecte local, qui relie un sommet élevé avec le Prophète Ilias au nord, et l'ancienne cité au sud qui se trouve sur le plateau surélevé de Messa Vouno.

*Fig. 30*– La caldera de Théra.

La fouille avait lieu généralement en hiver, novembre à décembre, car, au début, lorsque Zaphiropoulos essaya de la faire en septembre il y avait eu tellement de poussière –pas de la poussière de terre, mais de la *kissiri*, c'est-à-dire de la pierre ponce qui entrait dans les narines si bien qu'on ne pouvait rester à cet endroit qui, de plus, se trouvait plein Nord. C'est la raison pour laquelle la fouille avait lieu selon le temps à l'est ou à l'ouest de Sellada. Le vent du Nord est tellement fort qu'il est capable de jeter à bas un jeune homme de près de deux mètres et lourdement chargé. Souvent, lorsque nous venions en taxi, s'il ventait, nous ne sortions surtout pas par la porte donnant au Nord, et dès que le taxi était parti nous nous mettions presque à genoux pour poursuivre en sécurité sans risquer que le vent nous fasse tomber. Mais, d'après les marins, le vent du Sud, par temps d'hiver, était pire que le vent du Nord. Zaphiropoulos avait réussi à faire construire un petit abri où nous passions les mauvais jours. L'endroit où il avait été construit était assez abrité, il donnait vers Perissa, et le vent du Nord ne le touchait pas naturellement. Un soir de décembre cependant, le vent du Sud soufflait si fort que nous avons cru notre dernière heure arrivée, car nous avions l'impression de nous envoler bien que la maisonnette ait été en pierre et pas en bois. Au matin, nous nous réveillons, nous ouvrons la porte à grand peine et nous voyons un grand bidon plein de pétrole (il n'y avait bien sûr pas d'électricité et on s'éclairait avec des lampes), –que nous avions placé sur la marche près de la porte– debout au sommet d'un rocher, au moins à vingt mètres de là comme si c'était une simple boîte que quelqu'un avait prise pour la changer de place. Nous allons sur la fouille, le côté nord était plutôt tranquille, les ouvriers et les autres arrivent du bas en taxi, qui monta avec difficulté parce qu'il risquait de se renverser, tous bouleversés parce qu'à Phalkonéra, pas loin de nous, le ferry-boat *Héracleion* avait sombré en faisant beaucoup de victimes. À midi, comme c'est le cas avec le vent du Sud, la mer s'était calmée et on se demandait comment ces eaux sereines pouvaient devenir sauvages et engloutir des hommes.

Une autre fois, en dehors du vent qui n'était pas terrible, il faisait un temps glacial (car il peut souffler sans qu'il fasse froid) et nous, en cachette de Zaphiropoulos, nous avions pris avec nous un peu de cognac pour nous réchauffer. Il se trouve que ce jour-là on découvrit une tombe avec plus de 80 objets à l'intérieur. C'était une grande fosse où un homme se tenait avec peine, mais nous avions réussi, je ne sais comment, pour aller plus vite et pour nous réchauffer, à en faire tenir deux, notre ami peintre Kôstis Iliakis qui faisait les dessins et moi qui fouillais au couteau parce qu'il fallait dégager essentiellement de petits objets. Dès le dessin terminé et l'objet prêt à sortir, Giorgos Sigalas, gardien exceptionnel, avec le plus grand soin, presque avec dévotion, le donnait à Zaphiropoulos qui écrivait le journal avec l'aide d'une autre archéologue. En attendant, dans la tombe, nous buvions des petits coups, pensions-nous en secret, mais à la fin il n'y avait plus une goutte de cognac dans la bouteille, nous étions transis jusqu'à l'os, et nous ne sentions plus nos mains, Iliakis pour dessiner, et moi pour fouiller, et nous disons très timidement: «nous n'en laissons pas quelques-uns pour demain?», sachant qu'un des ouvriers du coin, le remarquable Nikolakis Pélékis, que nous avions employé plusieurs fois comme gardien, un chasseur, qui courait plus vite qu'un lièvre, comme on dit, ne laisserait pénétrer pas même un moustique, en faisant des rondes toute la nuit. Zaphiropoulos décide d'arrêter et dit flegmatiquement: «la bouteille de cognac demain doit être plus petite pour qu'il n'y ait pas d'accident». Nous en restons baba, pensant boire en secret et que seul Giorgis était au courant.

Giorgis était le type d'homme dont toute la vie fut consacrée à l'Ancienne Théra et à la montagne du jour où il prêta serment comme gardien. Il partait avant le lever du jour et il restait souvent tard le soir pour s'assurer qu'aucun étranger ne restait dans le coin ou que rien ne s'était passé dont il ne serait pas informé. Comme il n'y avait pas de téléphone, pour communiquer, nous téléphonions à sa femme qui sortait l'appeler (il n'y avait alors ni maison sur les pentes, ni voitures, ni bonnes routes) et Giorgis, qui avait toujours avec lui de puissantes jumelles, je pense qu'il la voyait plus qu'il ne l'entendait, quand il dévalait en bas pour voir ce qui se passait; je ne peux croire malgré l'aspect désert du lieu et la forte voix de sa femme qu'il entendait à une telle distance et à une telle hauteur ce qu'elle lui disait.

Bien qu'il n'ait été qu'à l'école primaire, il avait réussi à connaître toutes les inscriptions de l'Antique Théra, publiées par les Allemands. C'était un plaisir pour les visiteurs de son site battu des vents de suivre la visite qu'il se croyait obligé de faire en lisant les inscriptions dont sans même les lire il pouvait parler et faire le commentaire.

Mince, sec comme un coup de trique, agile, il s'était tellement identifié avec son environnement que l'on ne pouvait imaginer l'Antique Théra sans Giorgis en vigie surveillant la mer et l'infini depuis sa «montagne» avec ses jumelles, le sac de chasse et son chien à ses côtés. Et naturellement, le grand moment de l'année, c'était l'arrivée de «Monsieur l'Éphore» pour les fouilles. Giorgi était son assistant direct, tenant la mire ou le bout du mètre, en calculant pour qu'aucun centimètre ne lui échappe et provoque une erreur, et allant jusqu'à prévoir les commodités possibles sur le rocher. Et quand on parle de commodités, il s'agissait de trouver la bonne pierre que l'on transportait dans un endroit, relativement abrité, pour que «Monsieur l'Éphore» s'assoie le premier, et nous après pour déjeuner; Zaphiropoulos, à midi lors de la pause, souhaitait un repas très léger, en général des conserves de *dolmadès* et des sardines, mais toujours avec du citron, assis «confortablement» sur un rocher, qu'il pleuve ou qu'il vente, face à la mer avec une vue de rêve, il est vrai. Anaphi se détachait comme une vision rose dans le bleu sans fin qui nous enveloppait, comme un voile éthéré et onirique. À la fin de la fouille qui coïncidait avec la fin de la journée, lorsqu'il y avait des trouvailles qu'il fallait transporter au musée, on descendait pour continuer le travail dans les réserves jusque tard le soir, souvent jusqu'à 11 h. Le service avait engagé pour la première fois un gardien de nuit, qui lui aussi s'empressait de nous aider à trouver des collages entre les fragments de vases, ce qui était la principale occupation de nos soirées, avec comme seule source de chaleur un petit chauffage électrique et, plus tard, des radiateurs mobiles qui se détraquaient. Mais l'atmosphère et la chaleur de notre équipe – avec le père Aristide Rombos, valeureux marbrier tiniote qui travaillait à la mise en place des statues dans le musée – faisaient que l'on ne sentait pas beaucoup le froid et l'humidité qui nous transperçaient.

Je n'oublierai pas non plus un Premier Mai, jour de grève et non jour chômé, où l'équipe «d'archéologie» – ouvriers, techniciens, archéologues, sans oublier «Monsieur l'Éphore» – se retrouva sur la montagne pour un moment de farniente, sur la plate-forme devant l'église de l'Évangélistria de l'Antique Théra. Là, étendus au soleil, mangeant de l'agneau qu'avait préparé Nicolas avec soin et amour et, à la veillée, buvant la bouteille[5] dont nous avait pourvu le Père Aristide, avec Anaphi et l'Égée à nos pieds, nous chantions l'air préféré de kyr. Aristide: «éteins la lumière que nous dormions…» et aussi tout ce qu'il y avait de chansons interdites à l'époque (on était sous la junte !).

Ici je rappellerai une histoire caractéristique de la montagne, rappelant la dureté des conditions naturelles à Théra. Zaphiropoulos le racontait ainsi impressionné: un jour d'été, il montait à Sellada à pied et il s'était arrêté pour un peu de repos à l'église de la Zoodochou Pigi, où se trouvait une vieille femme de Santorin qui lui a donné de l'eau et qui lui a souhaité bon voyage en disant: «Que tu ailles bien et que tu aies de l'eau près de toi». L'eau, un bien si précieux pour l'homme méditerranéen, et pas seulement.

---

5. Le terme est *chiliara*, grosse bouteille contenant 1000 drachmes de vin: cette drachme (*drami*) est une ancienne mesure de poids équivalant à 4 grammes.

# NAXOS ET SON MONDE

À Naxos, les antiquités étaient conservées dans cinq magasins et une salle du collège qui avait été concédée pour y abriter des antiquités, mais qui ressemblait plus à une remise qu'à une pièce visitable. Pendant mon séjour en Macédoine, Zaphiropoulos avait cherché à organiser quelque peu les antiquités, commandant ou trouvant, je ne sais pas exactement, des vitrines facilement accessibles, avec des étagères en bois, et divisant en deux la salle avec une cloison en bois pour créer ainsi une deuxième pièce pour un atelier (un prétendu atelier !), où travaillait Spyros Marcantônis, le seul recolleur des Cyclades depuis l'époque de Karouzos ; Spyros, gardien des antiquités à Milo, était un bel exemple d'homme du peuple qui avait appris sur le tas à recoller les vases en travaillant quelque temps avec les archéologues américains à l'Agora ; et comme il avait le coup de main, il réussissait à recoller de grands vases, considérant qu'il était par nature un spécialiste des jarres (*pitharia*). Naturellement il faisait ce qu'il pouvait, ce n'était pas la situation rêvée, mais il était le seul à faire ce travail et avec amour. Lorsque je l'ai connu à Naxos, il nettoyait et recollait en plus de la céramique des figurines et des vases de marbre et il n'acceptait pas un seul mot des jeunes archéologues (même s'ils lui faisaient humblement une suggestion).

Je me souviens que Christos Doumas racontait qu'il lui avait amené un jeune homme, presque un adolescent, de Pholégandros pour qu'il apprenne auprès de lui le recollage. Cela ne plaisait pas beaucoup à Spyros : un jour, Chr. Doumas entre dans ce célèbre 'atelier' de Naxos, où en dehors de la table de recollage et deux ou trois chaises il y avait une grande échelle avec des produits d'entretien ; il voit le jeune homme perché sur le plus haut degré de l'échelle qui observait depuis le haut la technique de Spyros ; ce dernier, craignant que le jeune homme ne lui ravisse ses secrets, l'avait envoyé là-haut soi-disant pour qu'il ne le gêne pas en restant à côté de lui. Le jeune homme ne s'est évidemment pas contenté des leçons de Spyros, et, ayant un don artistique, il finit, entre autres, par se consacrer à la peinture, domaine dans lequel il a bien réussi, car ce n'était autre que Marcos Vénios. Des années plus tard, comme me l'a dit Vénios, Spyros s'est excusé de son comportement.

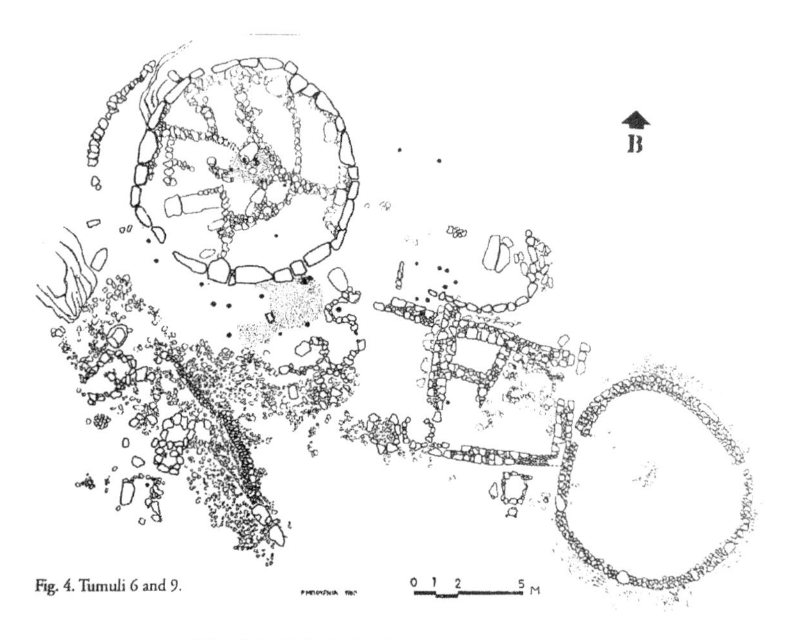


*Fig. 31* – Tsikalario, les tombes à péribole.

À Naxos, pendant qu'il était en service dans les Cyclades, Doumas avait fouillé un plateau relativement bas entre des rochers abrupts qui donnent à la région une allure irréelle. Il s'agit d'un cimetière, au lieu-dit Tsikalario (*Fig. 31*), dans le centre montagneux de Naxos, qui était fait de grands périboles curieux (9 à 12 m de diamètre) qui renfermaient des tombes géométriques (IXe siècle av. J.-C.).

Les périboles étaient construits avec de grandes pierres dressées de la région – il y avait même un menhir, une pierre dressée en forme de plaque, haute de 3, 20 m comme marqueur du cimetière placée à l'entrée (*Fig. 32*) – et le spectacle offert par ce cimetière avec des chemins entre les tombes est bouleversant. Doumas avait commencé à fouiller parce qu'il avait été informé de fouilles clandestines, mais il n'avait fouillé que deux périboles sur une quarantaine. Puis il partit et c'est moi qui pris la relève, car « nos collègues » – qui se disaient *archaiorogi* dans leur langage – n'avaient pas arrêté leurs propres recherches.

C'était par un jour ensoleillé de novembre que nous arrivâmes à Halki, un gros bourg central dans la Tragaia, dans la région centrale de Naxos, pour trouver où loger, car nous ne devions pas, pensions-nous, rester dans le village proche de Tsikalario, où nous n'aurions même pas eu à manger, dirions-nous. En réponse à nos questions, on nous dit que la tour de Gratsias était à louer. Les tours de Naxos sont des constructions médiévales, qui, au début, étaient des habitations pour les féodaux de la campagne et qui, avec le temps, ont subi de nombreux changements sans perdre toutefois leur forme initiale de tour, en général quadrangulaire, d'une

*Fig. 32* – Menhir de Tsikalario.

hauteur de 10 à 15 m, avec soit deux, soit trois étages. J'avais avec moi deux assistantes scientifiques, dont l'une, archéologue, arrivait de Paris, où elle avait fait des études de troisième cycle, et l'autre, architecte, qui m'avait suivie depuis Thessalonique. Enthousiastes à l'idée de loger dans une maison magnifique, nous l'avons louée, chacune choisissant son lit et sa chambre, le tout au troisième étage, parce qu'on nous expliqua que c'était le seul habitable. Cela aurait dû nous faire réfléchir, mais nous admirions les fleurs de la cour, le bâtiment lui-même, les escaliers et les toilettes que nous trouvions pittoresques : c'était un réduit avec un trou au milieu en tout et pour tout ; nous avons demandé ce qui se passait sans exutoire canonique, et on nous répondit qu'à cette hauteur il n'y en avait pas besoin, que cela tombait dans le jardin, si ça y arrivait !

Nous avons réuni nos affaires et tout heureuses nous nous sommes installées avec deux ouvriers de Mélanès, un endroit où ne fleurissaient pas les voleurs d'antiquités, semblait-il. Le premier soir s'est très bien passé avec un repas pris dans une cuisine du voisinage, et un *galaktoboureko* formidable au café de Marcos Lampadakis qui, je pense, n'existe plus, et un sommeil sur des matelas épouvantables, mais dans une tour ! Un des ouvriers de Mélanès nous dit que la vitre de la fenêtre était cassée ; nous lui répondons « ça ne fait rien, il ne fait pas froid ». Le lendemain, à sept heures, prenant un *zembili* avec des outils et des instruments de dessin, nous nous mettons en route à travers les rochers par des chemins à chèvres, une demi-heure de marche au moins pour atteindre la fouille.

La 'Parisienne' (Iphigénie Dekoulakou, aujourd'hui archéologue remarquable et responsable au Service archéologique) qui s'était maquillée les yeux à 6h et demie et avait passé un pantalon d'une couleur claire (blanchâtre à blanc sale), alors tout à fait à la mode, mis un foulard blanc léger sur ses cheveux, prit avec moi le *zembili* et entama la montée. La journée passa naturellement dans l'excitation que nous procuraient les découvertes de la fouille et cela dura deux à trois jours, pas plus, je pense. C'est alors que soudainement le temps décida que l'on était en novembre et en montagne même si on se trouvait dans les Cyclades. Résultat : nous avons découvert que nous n'avions pas de vêtements adaptés (sans gants pas possible de tenir un crayon ou un mètre sans que la main ne tremble), nous n'avions pas de couvertures chaudes (il n'y avait pas qu'une vitre de cassée), le troisième étage habitable prenait l'air de partout, et, naturellement, comme il n'y avait pas l'électricité (on s'éclairait à la lampe à pétrole), pas moyen de mettre le moindre radiateur ; le plus important c'est que personne ne pouvait aller aux toilettes, parce qu'il y avait une ouverture en place de fenêtre, ce qui créait un courant d'air avec le trou d'évacuation. Sans commentaire !

Les fouilles durèrent près de vingt jours ; comment nous avons tenu, Dieu seul le sait. Les filles couchaient deux par deux pour avoir plus de couvertures et se réchauffer l'une l'autre. Pour le jour, j'ai acheté de la laine et des aiguilles et comme je savais tricoter, j'ai commencé à fabriquer des gants sans doigts, pour aller plus vite et, au début, un par personne, pendant que les ouvriers nous apportaient de la *strophylia* (un *raki* local très fort), que nous avalions comme de l'eau, mais qui nous servait aussi à allumer un feu pour nous réchauffer à la pause quand nous étions tous ensemble (plus ou moins quinze personnes avec les ouvriers locaux) dans le *mitatos*, un buron des montagnes, petit et étroit, fait de pierres sèches ; la fumée nous prenait tous à la gorge et notre amie parisienne cherchait à s'en protéger avec son foulard arachnéen sur le nez. À vrai dire les fouilles étaient captivantes et souvent, quand les trouvailles étaient abondantes, nous restions tard dans l'après-midi pour les ramasser, sans que personne ne se plaigne, archéologues ou ouvriers (*Fig. 33a-c*).

Il y avait autre chose qui nous plaisait : les Naxiens de la montagne parlaient souvent en *kotsakia*, des petits vers qu'ils composent et qu'ils disent comme ils les ont conçus dans leur tête à partir d'un événement vécu qui les inspire. Nous faisions donc des fouilles en écoutant les *kotsakia* des ouvriers qui étaient toujours astucieux et dont l'humour rendait compte de la situation avec justesse et perspicacité. Un vrai plaisir ! De tels moments compensaient toutes les feuilles de paye et tout ce qu'exigeait l'administration.

La fouille se termina pour cette année-là et ne reprit que l'année suivante, mais au mois de septembre ; on ne séjournait plus dans la tour à Halki, mais sur le chantier, dans des tentes. L'architecte de Thessalonique était partie mais nous avait envoyé un de ses collègues, Giorgos Velénis, jeune lui aussi et qui nous est arrivé tout hâlé de son séjour en Grèce du Nord. Je lui ai dit de mettre une chemise parce qu'ici comme il n'y a pas de verdure, le soleil tape ; il me dit qu'il était déjà resté au soleil et que tout allait bien. Sous les tentes, les filles étaient ensemble et, comme il était seul (les gardiens et ouvriers cette année-là ne vivaient pas avec nous), il

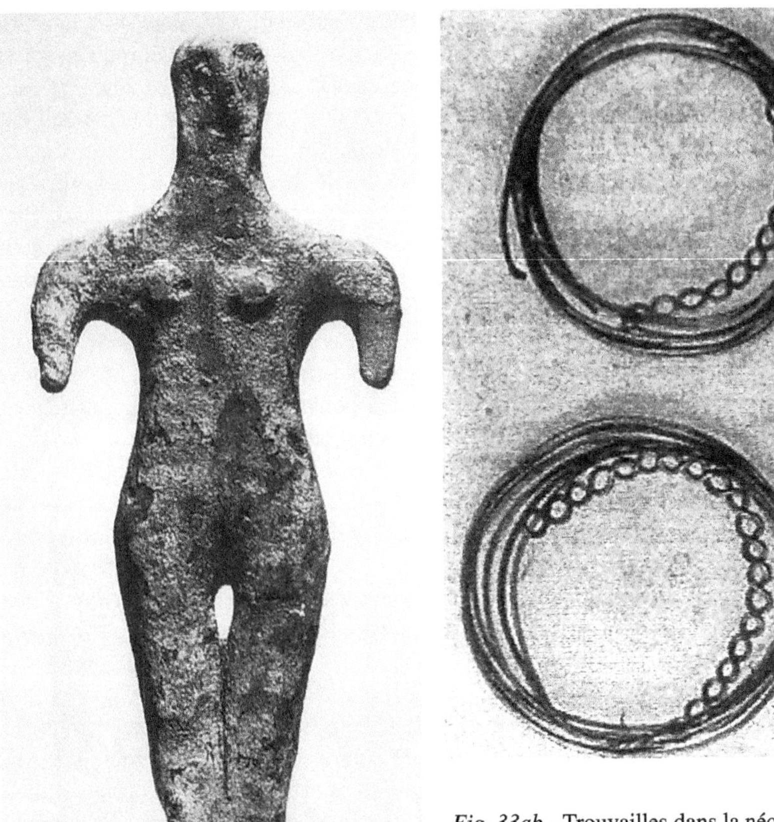

*Fig. 33ab*– Trouvailles dans la nécropole de Tsikalario.

*Fig. 33c*– Tsikalario, fête de fin de fouilles (1960) : au milieu des ouvriers, première femme à g., Kontsa, archéologue, puis, deuxième femme, Réna Bournia, G. Vélénis (architectes de Thessalonique), Ph. Zaphiropoulou, Petros Frankiskos, ouvrier en chef.

occupait la tente avec les outils, la nourriture etc... Le troisième ou quatrième soir il manifeste soudainement une forte fièvre et commence à délirer. Comment nous serait-il venu à l'idée qu'il avait une insolation et que ça pouvait être très sérieux ? Nous commençons à lui mettre sur la tête des compresses avec de l'eau et du vinaigre, à lui faire prendre avec difficulté du thé tiède et de l'aspirine (ou quelque chose dans ce genre) pour faire tomber la fièvre. Comme l'heure passait (apparemment l'insolation était légère ou il avait une bonne fée, comme on dit), nous étions fatiguées, le malade s'était peut-être aussi assoupi et nous décidons d'aller nous coucher. Comme il s'agitait, nous eûmes peur qu'il ne tombe et nous le lions tranquillement sur le lit de camp avec un cordage et nous allâmes nous coucher, en nous disant: «nous sommes à côté, s'il crie, nous l'entendrons». Le matin ce sont les voix des ouvriers qui nous ont réveillées, ceux-ci ayant trouvé matière à *kotsakia* et autres taquineries: que pouvaient-ils imaginer des raisons pour lesquelles nous l'avions attaché ? Ils pensaient simplement que nous avions tous bu quelques verres de trop et que nous l'avions entravé pour être sûres qu'il n'y aurait pas de visite nocturne dans notre tente. Que la folie de la jeunesse est belle ! Notre jeune architecte, qui, depuis les fouilles de Tsikalario, était amoureux de l'archéologie, est rentré à Thessalonique, s'est inscrit en Lettres, a terminé ses études d'archéologie et aujourd'hui prodigue ses connaissances et son expérience aux jeunes générations de l'École polytechnique de Thessalonique, sans avoir renoncé à ses projets archéologiques.

La fouille là-haut a continué pour une troisième et dernière campagne, toujours sous la tente et cela m'a beaucoup contrariée de ne pas revenir et que la lampe cessa de briller le soir, dont la lumière se voyait jusqu'à la route Naxos-Tragaia et qui était le signe que sur les rochers, là-haut, l'esprit des «temps héroïques» de Naxos ne s'était pas éteint à jamais. J'espère qu'à Naxos au moins il restera vivant et resplendissant.

C'était l'époque où, à Naxos, il n'y avait pas de véritable hôtel, ce qui explique pourquoi kyr. Gavallas nous hébergeait, deux ou trois personnes au plus, dans sa maison. Sa mère était morte, et il était 'orphelin' comme il le disait avec amertume et regret, mais avec dignité. Je pense que le premier hôtel est apparu vers 1964-1965, «L'Apollon» à Grotta, où l'on payait la chambre 40-50 dr. la nuit, mais pour nous dans les 30. C'était un luxe que cet hôtel, mais voilà que le propriétaire avait des dettes et que l'on avait coupé le courant, car il y avait des impayés. Or il fallait que j'aille en urgence à Naxos et je voulais me loger quelque part.

J'allai donc par nécessité à «l'Apollon», car depuis qu'il y avait un hôtel, nous ne voulions pas déranger kyr. Gavallas. Hiver, froid, pas d'électricité, pour seul éclairage une petite bouteille de gaz, que j'utilisais souvent pour chauffer de l'eau pour le thé et faire une soupe Knorr, assurant sur la fenêtre la casserole qui était à la hauteur de la poignée. J'avais un tel besoin de quelque chose de chaud que je n'imaginais pas que je pouvais prendre feu, et que, dans la solitude qui régnait ici, on s'en apercevrait quand la moitié de l'hôtel aurait brûlé. Quelques fois, Giorgis, notre taxi, encore célibataire, passait la nuit à l'hôtel, et, certains soirs, le patron de l'hôtel, qui, comme il dormait profondément, nous disait, à Giorgi et à moi, les seuls clients: «Faites tout ce que vous voulez, l'hôtel est à vous». Un soir, à onze heures passées, à l'heure où le bateau arrivait, j'entends frapper à la porte extérieure, appeler l'hôtelier (!), mais bien sûr pas de réponse; je décide de descendre, enveloppée dans une couverture, la petite bouteille de gaz à la main pour m'éclairer et je vois un type de la capitale, comme on dit, richement vêtu, un sac chic à la main qui me demande avec hauteur si la chambre est bien chauffée ou s'il doit aller dans un autre hôtel (!). Moi, je restais à le regarder tant j'étais stupéfaite et, énervé, il s'en est allé. C'est ainsi que «l'Apollon» au milieu des années soixante perdit un troisième client d'hiver.

Naxos, la plus importante des Cyclades centrales, a beaucoup de gros villages et plusieurs d'entre eux sont de véritables bourgs, rivaux de la Chôra, par exemple Philoti au centre de la campagne naxienne. Mais Apeiranthos dans la montagne fait partie des lieux les plus fascinants du monde cycladique (*Fig. 34a-c*): quand on en fait l'expérience, son charme opère lentement mais sûrement et retient prisonnier pour toujours. À ce sentiment contribuent, je pense, les habitants de cet endroit singulier, qui, quand on les interroge sur leur origine, répondent Apérathites et non pas Naxiens. Leur intelligence, leur vivacité d'esprit, leur esprit caustique joints à une joie de vivre naturelle procurent des moments inoubliables à celui qui recherche des émotions inhabituelles.

*Fig. 34a* – Apeiranthos.

*Fig. 34b* – Apeiranthos.

*Fig. 34c* – Apeiranthos.

Je n'oublierai pas un soir d'hiver (un des nombreux que nous avons vécus) dans la maison de Giorgis Kastresios, le premier à avoir été nommé là gardien des antiquités, et dont la cave ressemblait à celle de l'époque homérique avec ses *méthyres* (les grandes jarres remplies d'olives, de vin et d'huile etc...), les jambons qui pendaient, dont le goût exceptionnel rivalise avec le bon *prosciutto* italien, les meules d'*arseniko* (parmi les meilleurs *kephalotiria* de Grèce) et bien d'autres choses. Dans les maisons d'Apeiranthos, qui se trouve sur les hauteurs –la Naxos montagneuse est une des rares régions des Cyclades où il neige–, on trouve un type curieux de cheminée (*tzaki*), doté, en avant de la partie arrondie du foyer, de murets perpendiculaires sur les côtés. Qui veut se réchauffer, s'assoie sur des bancs placés près de ces murets, ce qui donne l'impression d'être presque «dans» la cheminée, près du feu vivifiant. Un soir donc, nous arrivons gelés, Giorgis nous allume le feu dans la cheminée, nous apporte de son jardin un chou vert foncé, comme je n'en avais jamais vu jusque-là, il met à griller de l'*oupaki* frais (dans le langage d'Apeiranthos c'est le *gopaki*, c'est-à-dire la petite *gopa*, un poisson), en même temps qu'il met de l'eau à bouillir pour cuire le chou et sert de la *strophylia* pour nous réchauffer en buvant à petites gorgées avec des figues sèches. Lorsque les poissons et le chou furent prêts et mangés, arrosés d'un vin sec excellent fait maison, Giorgis sortit d'une armoire un violon et se mit à jouer des airs apérathites, qui n'ont rien à voir avec ces chansons, généralement connues comme naxiennes. Les paroles peuvent être les mêmes, mais le rythme austère, sobre et en même temps tendrement mélodieux rappelle tout à fait les chansons *acritiques* du Moyen-Âge byzantin et s'adapte merveilleusement à l'environnement naturel. Giorgis ne nous avait pas habitués à de telles démonstrations, lui plutôt fermé, timide, mais doté d'un amour démesuré pour son 'pays' et ce qui s'y rapporte, se tuant littéralement pour sauver et mettre en valeur tout ce qu'il aimait, ancien ou moderne, animé ou inanimé. Il tenait le café du quartier sur la place du village, et à peine avions-nous commencé à organiser la première collection archéologique qu'il offrit son aide et devint le premier gardien d'Apeiranthos et de l'Est de Naxos, qu'il parcourait continûment, étant chasseur et amoureux de la campagne ; bien qu'il s'attristât fort chaque fois qu'il découvrait des fouilles clandestines, il s'efforçait de faire son travail en provoquant le moins d'ennuis possible aux autres villageois. C'était pour lui une grande joie lorsqu'il réussissait à en convaincre certains de remettre aux autorités les antiquités trouvées dans leurs champs.

Mais celui qui était l'âme de la région pour la restitution des antiquités, trouvées par hasard dans la campagne naxienne ou fouillées 'par hasard', c'était Michalis Bardanis, un excellent mathématicien, qui s'intéressait, entre autres choses, au sauvetage des antiquités de sa région; mis au placard à cause de ses sympathies pour la gauche, la seule possibilité qu'il avait de bouger librement consistait à se promener avec nous à la recherche d'habitats antiques et de nécropoles, tout en persuadant ses compatriotes de remettre au musée ce qu'ils avaient 'trouvé' dans leur champ, et cela parce qu'il était aimé et respecté, quelle que fût la couleur politique de chacun. Le résultat final des efforts de Michalis Bardanis fut la création d'une collection archéologique importante à Apeiranthos, dont l'essentiel provenait de fouilles clandestines, la seule de ce genre en Grèce, je pense. La passion de cet homme étonnant pour l'acquisition et en même temps la transmission des connaissances était telle que rien ne l'arrêtait pour atteindre son but. Je me souviens qu'une fois dans les Petites Cyclades (ces petites îles au Sud de Naxos) il était descendu avec nous dans la grotte d'Héracleia jusqu'au fond plusieurs fois, en se traînant à cause de ses problèmes à une jambe, à l'avant pour nous éviter, lui...les faux pas et les chutes. Il fit la même chose dans la très belle île de Schinoussa, où il y a moins de rochers mais d'immenses étendues de sable, ce qui ne rend pas la marche plus aisée, et aussi à Kéros, si escarpée, et à Antikeri.

Un souvenir d'Antikeri. Quand nous y sommes arrivés avec le caïque –nous étions cinq ou six–, nous avons trouvé une maison où demeurait une famille de jeunes gens avec leur bébé. Ce jour-là l'homme était allé en barque à Amorgos pour faire des provisions, laissant dans l'île sa femme, la sœur de celle-ci et le bébé. Nous demandons à la femme s'il y avait d'autres habitants sur l'île, et elle nous répond négativement ; elle nous explique qu'elle vient d'Eubée, où elle a connu son mari qui y faisait son service militaire, ils se sont mariés et ils sont venus s'établir à Antikeri, où il avait des terres. Nous lui demandons si elle n'a pas peur de rester seule avec son bébé dans un coin si reculé : « Bah !, dit-elle, il vient du monde et l'an dernier, deux étrangers, qui sont restés longtemps, ont fait le tour de l'île et ont fait des forages pour prendre de la terre ; on faisait *paréa* le soir ». « Y en a-t-il eu d'autres ? » « Non, ceux-ci, c'était bien » (il s'agissait de techniciens de l'IGME –Institut de géologie– qui faisait des sondages, des carottages, comme ils disent, pour étudier la possibilité de forage). Nous avons pensé que tout était relatif.

Dans les Petites Cyclades, à cette époque, ce qui faisait impression à Schinoussa, c'était une très belle jetée où les bateaux accostaient, alors qu'ailleurs cela n'existait presque qu'à Syros, avec l'électricité et un petit hôtel. On devait ces bienfaits à un couple de riches français qui était passé là par hasard, avait aimé l'île et ne l'avait plus quittée. Une fois, il nous est arrivé à cause du mauvais temps de coucher au petit hôtel qui se trouvait en haut, à la Chôra si l'on peut dire, et l'autorisation d'*apoplou* (« de départ »), comme disent les insulaires, à peine reçue, on nous avertit de descendre lentement parce que, vers trois heures du matin, le bateau accosterait. Nous descendons, nous attendons dans la longue salle de l'unique petit café ; les heures passent au milieu des conversations et des cigarettes (dans un lieu très étroit) jusqu'à ce que vers huit heures du matin arrive le bateau, le *Myrtidiotissa*, je pense, qui avait du retard parce que le chef de cabine était mort subitement ; il fallut faire diverses démarches, et finalement nous avons voyagé vers le Pirée tous ensemble, le mort et nous à moitié morts de fatigue.

Le *Myrtidiotissa* était un bateau très solide qui passait même avec des vents de force 8. Un jour nous partons de Myconos pour Le Pirée –les trois bateaux principaux, comme je l'ai dit, étaient celui-là, le *Pantelis* et le *Despoina*, connu également sous le nom de *Despoinaki* (*La petite Despoina*)–, nous montons à

*Fig. 35* – Naxos : « un *archaiorogos* bien connu... ».

bord du bateau, nous prenons des places à contre-courant parce que le temps était mauvais, et voici que Tsakos arrive furieux dans le salon pour nous dire qu'il a entendu à la radio du bateau que sur le *Myrtidiotissa* un contrôle au Pirée effectué le matin avait révélé une fissure dans la coque et qu'on ne le laissait pas partir. Je le regarde avec stupéfaction, car nous étions partis tard dans l'après-midi et je lui dis d'aller voir dans quel bateau nous sommes montés. Il y va et revient tout penaud et médusé ; nous étions sur le *Myrtidiotissa*, pour chanter un hymne au Service public grec.

Revenons à Apeiranthos et à la Naxos du Sud-Est, où j'ai en mémoire un déplacement inoubliable, que nous avons fait avec un *archaiorogos* bien connu (*Fig. 35*), qui éprouvait un respect infini et de l'amitié pour kyr. Michalis (Bardanis) et qui était indispensable pour nos déplacements dans des lieux difficiles à trouver et à atteindre ; il dénichait des sites antiques qu'il connaissait et nous les montrait, cachés qu'ils étaient souvent sous une végétation très dense. Ces déplacements pour identifier et contrôler des sites, autant que possible, n'étaient pas l'affaire d'un seul jour, car Naxos est une grande île et il fallait des heures par exemple pour aller d'Apeiranthos à la pointe sud-est ou sud de l'île, à Panormos ou plus loin à Kalandos, descendant à Moutsouna et traversant les côtes de l'Est de l'île ; la voiture nous amenait jusqu'à un certain point, aux environs de Klidhos, et ensuite on poursuivait à pied ou, dans le meilleur des cas, à dos de mulet.

Lors de ce déplacement, quelqu'un a donné au kyr. Bardanis quelques antiquités, essentiellement des fragments d'idoles en marbre, en présence bien sûr de notre guide. Quand le soir nous sommes arrivés à son 'buron' *(mitatos)*, où il nous hébergeait pour la nuit, il eut un sursaut d'amour-propre et, tout en disant «les antiquités que vous a données un tel ne valent pas qu'on en parle», il va au mur intérieur du 'buron', enlève deux pierres, enfonce sa main profondément, et sort une grande chaussette bien épaisse, dont il extrait plusieurs figurines en marbre proto-cycladiques (en morceaux elles aussi) qu'il offre à Bardanis, en disant: «celles-là sont bonnes, mais pas les autres». Quand j'ai commencé à les examiner, j'ai remarqué avec amusement que deux morceaux recollaient, formant une figurine de belle taille, acéphale; notre hôte s'étonnait de ne pas l'avoir vu (sans doute pour ne pas nous la donner) et il commença à monologuer: «Bon sang, comment ça a pu m'échapper!». Puis, il fit cuire au feu les poissons qu'il avait pris, en coupant d'un seul coup en deux un assez gros poisson avec un couteau spécial et nous avons mangé (je ne peux pas dire que je me sentais particulièrement en sécurité et heureuse dans cette solitude profonde avec un type comme notre guide). Il nous dit de dormir sans peur, qu'il était là pour nous garder: «kyr. Michalis, ne t'en fais pas, tu trouveras les antiquités là où tu les as laissées sur la table.» Le lendemain matin, elles étaient là où nous les avions laissées, avec notre guide assis sur un banc à l'extérieur, qui fumait en attendant notre réveil.

Il vaut la peine ici de signaler une autre affaire, là encore dans la région de Klidhos, près de la tour de Chimarros, soit au sud de l'île, au moment du coucher du soleil, un jour à la fin de l'automne. Alors que nous étions partis le matin par un temps doux et ensoleillé, en arrivant aux pieds des montagnes de Zas au sud-est, à l'heure du crépuscule, un nuage épais nous recouvrit avec une pluie fine, presque de la neige fondue, qui nous transperça jusqu'à l'os. Bien sûr il nous était impossible de poursuivre à pied ou même avec un animal et il fallait que quelqu'un aille dans un endroit habité pour trouver un téléphone et avertir un taxi de venir nous prendre. Un Aperathite se propose et nous nous blottissons, tout trempés, sous un pauvre arbre broussailleux, allumant du feu et attendant stoïquement l'arrivée du taxi qui nous sauverait; nous avions pensé qu'il lui faudrait au moins deux heures. En conséquence, notre surprise fut grande de le voir arriver en moins d'une heure avec l'Aperathite dedans, qui entre temps s'était même changé et portait des vêtements secs. Il nous a expliqué qu'au lieu d'aller vers la côte est, où il y avait plusieurs maisons, chercher un téléphone, il était monté à Apeiranthos, en traversant les pentes du Zas, où l'attendait non pas une pluie fine mais presque de la neige, pour se retrouver à Apeiranthos en moins d'une demi-heure; il avait eu le temps de se changer, de prendre le taxi et d'arriver avant que nous soyons gelés. Devant notre étonnement pour sa rapidité, il nous dit que c'était un passage habituel pour lui et les villageois, qui avaient presque tous leurs champs dans la région côtière de Panormos, où ils descendaient pour les travailler ou encore éventuellement pêcher. Souvent la nuit arrivait et comme ils ne voulaient pas rester en bas, ils chargeaient le mulet, lui prenaient fermement la queue, et celui-ci connaissant le chemin les ramenait au village, même si le propriétaire dormait à moitié pendant le trajet. Voici un trait caractéristique de la psychologie des gens d'Apeiranthos : nous avions une fois avec nous un jeune homme, qui nous dit qu'à l'armée il était parachutiste. Nous lui demandons s'il n'avait pas peur quand il sautait dans le vide : « Bah, ce n'était pas difficile ; dès que tu avais sauté, tu comptais (il donne un chiffre), tu tirais le cordon pour ouvrir le parachute, tu recomptais et tu levais la tête pour voir s'il s'était ouvert. S'il n'était pas ouvert, il ne s'ouvrirait plus ; à moi, ce n'est jamais arrivé ».

Pour en finir avec nos 'collègues' naxiens, les *archaiorogi*, je dirais que, comme ils étaient très intelligents, ils avaient une organisation parfaite dans leurs recherches. Ainsi ils savaient que s'il y avait de l'eau et de la végétation, c'est là qu'il y avait un établissement, et ils cherchaient à le repérer – en général sur les pentes d'une butte –, et aussitôt débutaient les recherches sur un lieu voisin en face de l'établissement, là où pouvait se trouver la nécropole qui les intéressait parce que c'est là qu'il y avait les riches trouvailles qui rapportaient de l'argent : les figurines de marbre du III^e^ millénaire av. J.-C. qui avaient forme humaine, souvent des femmes les bras croisés sous la poitrine, faisaient l'objet d'une forte demande sur le marché international. Ils étaient tellement fiers de leurs 'capacités archéologiques' qu'il est arrivé à un voleur patenté d'antiquités de demander à Zaphiropoulos de témoigner à son procès, où il était accusé d'escroquerie, en disant qu'il le connaissait comme *archaiorogos*, parce que, s'il était condamné pour escroquerie, la peine serait plus lourde que celle dont il écoperait comme voleur d'antiquités... Ils connaissaient bien les 'eidola', comme ils appelaient les figurines, au point qu'ils en fabriquaient de fausses, ils les enfouissaient pendant un certain temps dans la terre, et les en sortaient ensuite pour les vendre comme authentiques.

J'ai vécu une scène d'une « représentation » de ce genre dans les années soixante : la police de Naxos avait été avertie qu'une bande de voleurs d'antiquités mettait en vente de beaux 'morceaux'. Elle entra en contact avec eux en envoyant un policier comme acheteur, il y eut des contacts et des échanges et il fut convenu que la transaction aurait lieu au petit matin dans la montagne, loin de toute habitation. La Direction de la Police m'avertit et nous voilà partis avec une équipe de quatre à cinq hommes, si je me souviens bien, et le procureur ; tard le soir nous prenons place à un endroit où nous pouvions voir sans être vus, derrière une petite hauteur. Il faisait un beau temps d'automne, mais la fraîcheur de la nuit était sensible, et, combinée à de longues heures d'immobilité, elle vous transperçait jusqu'à l'os. Enfin, vers 4 h du matin, quatre hommes avec deux mulets portant des couffins bien fermés apparaissent avec force précautions et ils se dirigent vers le lieu du rendez-vous. Tout indiquait que le chargement contenait de précieuses antiquités, qui se sont révélées en fait n'être que du vent. Toute cette préparation en grand secret n'était faite que pour persuader l'acheteur que les antiquités venaient de sortir de terre où elles avaient séjourné pendant des siècles, et non quelques mois seulement.

# LES PETITES CYCLADES

Dans les Petites Cyclades, je suis passée, comme archéologue, en bien des endroits après L. Ross, un savant allemand, arrivé en Grèce avec Othon et qui a fait le tour des îles en envoyant des lettres qui furent publiées et qui décrivaient tout ce qu'il voyait et qu'il avait vécu ; ces voyages, en raison des conditions difficiles d'accès et de séjour, étaient habituellement des aventures du style d'un safari en Afrique aujourd'hui.

Lors d'une de ces expéditions de plusieurs jours où nous avions loué un caïque à Kouphonissi, nous sommes partis de Moutsouna de Naxos pour Donoussa, la plus au Nord et la plus difficile à atteindre des petites îles, avec Petros Frankiskos, le plus capable et le plus fiable de nos ouvriers, mon collègue Tsakos et l'équipage du caïque. C'était en novembre, avec un temps de début d'automne et une mer Égée magnifiquement lumineuse, dans laquelle nous plongions à peine avions-nous achevé nos marches interminables dans les rochers, nous sentant mieux qu'Onassis, la personnalité de l'époque. La dernière inspection de ce voyage était le versant abrupt d'un cap à Donoussa : nous avions eu des renseignements selon lesquels à Vathy Liménari il y avait des fouilles clandestines. Nous arrivons à destination, nous escaladons le rocher et alors que, comme d'habitude, nous nous attendions à un site proto-cycladique du III$^{e}$ millénaire, nous commençons à sortir de couches de cendres de gros fragments de vases avec un beau décor géométrique. Surpris et enthousiasmés, nous nous mettons au travail, à corps perdu, sans nous rendre compte que l'heure avançait, qu'il était trois heures de l'après-midi et sans attacher d'importance aux avertissements du capitaine, selon lequel le temps se détériorait et qu'il fallait se préparer à rentrer (comment le croire quand tout était calme et que la nature se montrait d'une tranquillité de rêve). Finalement nous partons à trois heures et demi pour Moutsouna[1]. À peine sortis du golfe profond, nous sommes tombés dans l'œil du cyclone. Mon Dieu, quelle peur ! Un vent du

---

1. Moutsouna est reliée à Vathy Liménari à Donoussa par l'ouest, un peu au nord-ouest, en une heure et demie, disons deux heures, par temps normal.

Nord terrible s'était levé, hivernal d'après les marins, on était en novembre, ne l'oublions pas; comment un caïque de dix mètres pouvait-il s'en sortir avec un tel temps? Le résultat fut que les vagues nous ont portés sur la pointe sud-ouest de Naxos et nous fûmes obligés de remonter en longeant les côtes sud, puis du sud-est, protégés par la masse de la montagne; nous étions assis avec Tsakos à l'arrière, liés au sens propre au lourd mât de bois et entre nous par les mains pour que les vagues ne nous emportent pas. Cela ne nous empêchait pas d'être secoués les deux ensemble, au rythme des secousses du caïque, et de retomber ou plutôt d'éclater comme des pastèques sur le banc de bois (il fallut une semaine avant que je puisse m'asseoir normalement), étant en même temps trempés jusqu'à l'os. Nous arrivâmes à Moutsouna vers minuit, alors que, à Apeiranthos et à la Chôra, on avait commencé des recherches avec le bateau du port pour retrouver les disparus et qu'on était descendu à la plage avec les lampes-tempête. Je ne pense pas m'être jamais sentie aussi bien, après avoir retrouvé un lieu chaud et accueillant dans la maison d'un Aperathite et avoir changé de vêtements, en buvant du rakomélo (une boisson chaude faite de raki, de miel et de cannelle), qui coule dans le larynx comme de l'eau, à vous faire courir nu dans la neige; ensuite nous sommes rentrés à notre base à la Chôra.

Ce voyage annonçait le début d'une fouille à Donoussa, qui a révélé un important établissement du IXe siècle av. J.-C., à Vathy Liménari, qui se trouve à un endroit stratégique, sur une route maritime et commerciale qui va sans doute de l'Eubée, grand centre de transit, vers le Dodécanèse (Cos-Rhodes) et de là vers les cités grecques d'Asie Mineure (*Fig. 36a*). Ce site, placé sur une langue de terre qui s'avance assez loin dans la mer, avec un port très profond et bien protégé, devait être un lieu de relâche dans le long et difficile périple soumis habituellement à de très mauvaises conditions de navigation. Les fouilles se sont déroulées sur quatre campagnes (1967-1973) et comptent parmi les plus riches en péripéties que j'ai vécues. Pour atteindre Donoussa, et je suppose qu'aujourd'hui il en va de même, il faut qu'il fasse beau, parce que le port est exposé au vent du Nord. Il se trouve au Nord-Ouest de l'île, tandis que Vathy Limenari à une heure – une heure et demie à pied ou à dos de mulet, est plus au Sud, mais toujours sur la côte ouest (c'est-à-dire en face de Naxos). Donoussa était alors une petite île avec un habitat clairsemé, avec essentiellement trois villages, en dehors de Stavro, le port qui fait face à Naxos: Messaria et Mersini, sur les hauteurs à l'intérieur de l'île, et Kalotaritissa sur la côte nord-est, avec quelques dizaines de maisons chacun (*Fig.36b*).

Mersini avait de l'eau de source, ce qui est rare pour une île cycladique –on disait que c'était une résurgence d'Ikaria– et c'était le seul endroit où il y avait quelques jardins; dans le reste de l'île on cultivait surtout les oignons, qui étaient particulièrement savoureux. Tout le reste de la nourriture était importé d'Amorgos et non de Naxos. Messaria et Mersini étaient le plus près de Vathy Liménari où nous avions décidé de poser les tentes (*Fig. 37a-b*). Nous étions une équipe assez importante: des gardiens et des ouvriers de Naxos, des archéologues garçons et filles, des restauratrices, un dessinateur, tout ce monde dans trois tentes

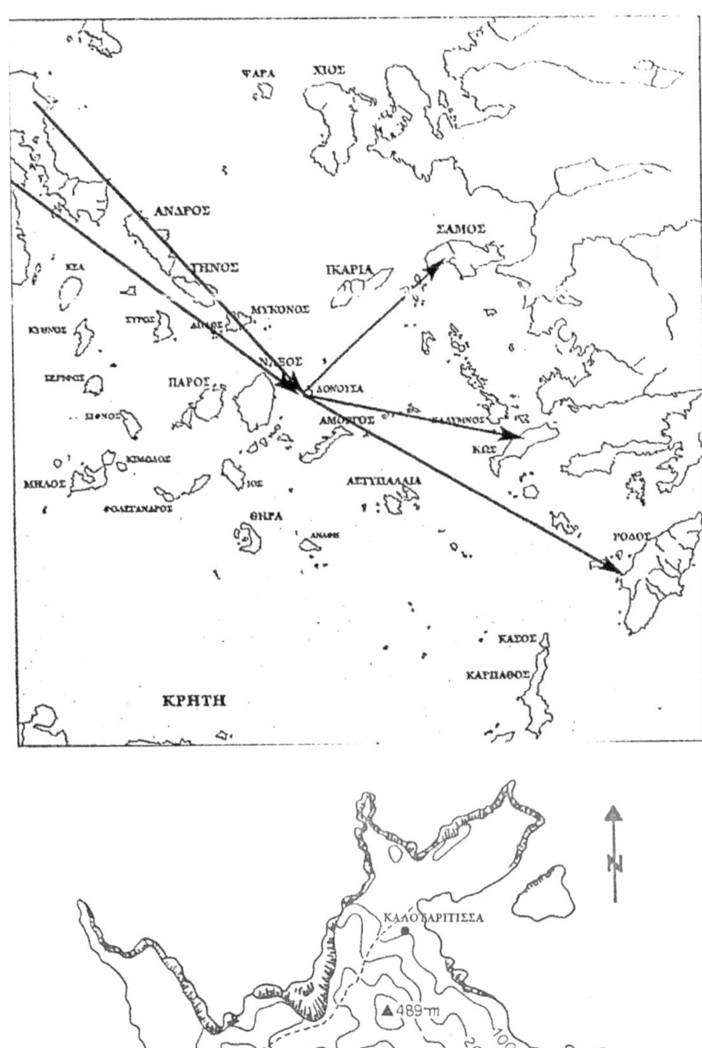


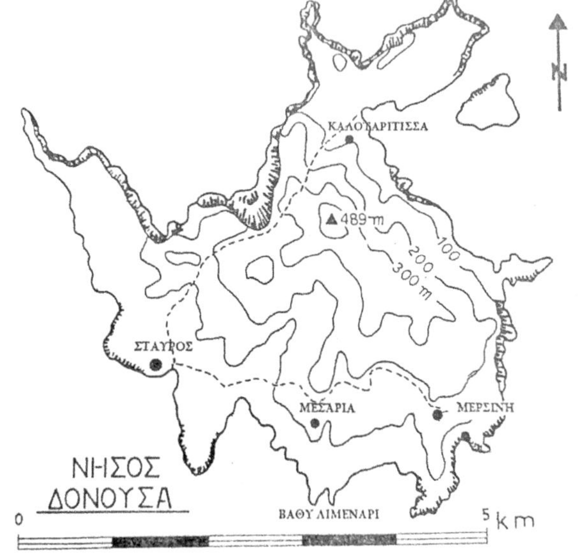


*Fig. 36a-b* – Carte de l'archipel égéen: Donoussa et les Cyclades.

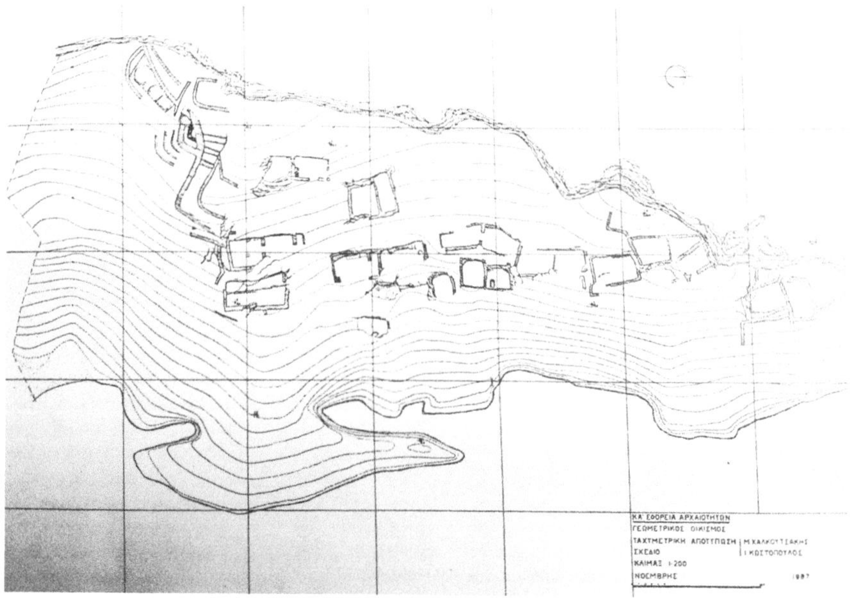


*Fig. 37a-b*– Site de Vathy Liménari.

sur le sable, le terrain se dressant presque verticalement autour de nous, coupés du monde civilisé, à attendre que Prasinos –le propriétaire du caïque que nous utilisions pour nos transports– nous apporte de Kouphonissi de la nourriture et des nouvelles.

La première fois, nous sommes arrivés au port avec le bateau de ligne, là où se trouve le village principal, au milieu d'une nuit noire, sautant dans une barque pour débarquer avec tout notre fourniment, qui n'était pas rien, sans qu'il y ait de véritable quai, avec pour toute lumière les lampes des barques venues nous prendre, et de là, nous amener à destination avec les animaux. Je ne sais pourquoi on ne leur avait pas mis de bât à leur taille, si bien que la première et dernière fois que je suis allée à Vathy Liménari à dos de bête (après je faisais le chemin à pied), au premier chemin accidenté, je suis tombée violemment du dos de l'animal, car le bât dansait, la tête la première et c'est de justesse que je me suis tirée d'affaire. La meilleure solution était de passer par mer, quand le temps le permettait; pour cela, nous faisions le parcours Vathy-Liménari-Stavro et retour (Omonia-Syntagma !), parce que le seul téléphone du coin se trouvait au port, c'est-à-dire à Stavro. Les téléphones à l'époque fonctionnaient à travers un central, si bien que les téléphonistes qui reliaient les clients écoutaient la conversation et y prenaient souvent part. Une fois je souhaitais communiquer avec Apeiranthos pour parler au gardien et lui demander d'envoyer du pain, mais la liaison n'était pas bonne et le gardien n'entendait pas; alors le téléphoniste interveint et me dit: «je sais qu'il n'y a plus de pain à Apeiranthos, si on appelait le gardien à Chôra pour qu'il vous en envoie ?»

Souvent il arrivait que, à la place de Naxos, on ait Kouphonissi, dont la téléphoniste, qui en bien des endroits était aussi épicière, me demandait: «Eh !, vous êtes les archéologues ? Comment va la fouille ? Vous avez trouvé aujourd'hui quelque chose de bien ?» N'oublions pas que c'était l'époque de la Junte et que nous avions les gendarmes, qui étaient à Kouphonissi et venaient voir de temps en temps ce que nous faisions, parce qu'ils devaient, je pense, faire un rapport circonstancié. Un jour, nous avons découvert une grande épée de bronze et il semble que les ouvriers en aient parlé; le surlendemain nous voyons arriver deux représentants de l'ordre qui demandent à une des restauratrices si nous avons trouvé une arme et de quelle époque. Elle leur dit que l'on n'a pas trouvé d'arme, mais ils répondent qu'ils ont entendu parler d'une épée; elle leur réplique du tac au tac en leur montrant le vase qu'elle nettoie: «Mon bon, quel *xyphos* (épée) ?, c'est un *skyphos* (tasse), *skyphos*, regarde ! ».

Les ouvriers locaux que nous avions emmenés, n'ayant aucune expérience de la fouille, faisaient des petits travaux annexes, dont l'un consistait à apporter de l'eau, charge que nous avions confiée à Giorgis, un jeune homme gigantesque avec la cervelle d'un enfant et chaussant du 50. Bout à bout, les deux pieds de Giorgis faisaient un mètre ce qui était en général la largeur de l'ouverture des portes des maisons antiques que nous mettions au jour. Une des taquineries qu'ils lui faisaient était de l'envoyer mesurer avec ses pieds l'ouverture de la porte. Un autre trait qui nous faisait rire était son comportement avec son âne qu'il ne frappait pas, mais auquel il criait en montant et en descendant avec l'eau : « hé là, avance ou je te casse…les yeux ».

Et le pauvre Giorgis, qui avait juste mis le bout du pied dans l'eau, quand il se présenta pour une période militaire à Naxos et revint avec le *Skopelitis* par gros temps, criait au capitaine : « Oh ma mère, pauvres de nous, tiens donc le caïque droit, tu ne passes que dans les trous ! ».

C'est pendant la troisième campagne que nous sommes partis de la Chôra de Naxos avec le caïque de Kouphonissi qui était venu nous prendre avec tout notre barda pour les fouilles de Donoussa. Tant que nous avons longé les côtes de Naxos, pas de problème, mais dès qu'on a pris le large, de Kouphonissi à Donoussa, le temps montra ses dents. Le capitaine nous dit de coucher à Kouphonissi et, le lendemain, au petit matin, vers 5 h, quand le *meltem* n'aurait pas encore commencé à souffler (c'était début août), nous partirions et en une ou deux heures au pire nous arriverions à Vathy Liménari. De fait, nous sortons les lits de camp que nous avions avec nous et nous décidons de passer la nuit au port de pêche, à Loutro, en bas du moulin, à l'ouest de l'établissement, là où mouillaient les caïques de pêcheurs ; les Kouphonésiôtes sont de remarquables pêcheurs, et la pêche était leur seule activité, avant que Kouphonissi ne devienne à la mode et qu'ils s'occupent de tourisme. Nous étalons les lits de camp dans un abri, à côté des tas de filets de pêche, pour être prêts au départ matinal et nous appareillons à 5 h pour Donoussa. Éole était d'un autre avis parce que je ne pense pas que ce matin-là il ait laissé son outre fermée un seul moment. À peine le capitaine avait-il viré au nord et progressé un peu, qu'Éole lui tombait dessus et, comme si c'était une coque de noix, il le ramenait là où il avait tourné, et même au-delà. Le temps passait, le soleil brûlait haut dans le ciel, mais nous, nous tremblions, trempés jusqu'aux os. De plus comme si la tempête ne nous suffisait pas, nous avions avec nous quelqu'un qui passait ses vacances à Kouphonissi et dont la belle-mère était de Donoussa ; apprenant que nous y allions, sa femme nous avait demandé de l'emmener voir sa mère. Comment pouvait-il imaginer ce qui l'attendait ! Tremblant dans les sacs de plastique dont il s'était enroulé et accroché à un mât, comme nous tous, pour ne pas se retrouver à la mer, il hurlait et appelait à son secours tous les saints en répétant sans cesse : « je le disais moi qu'on aurait mauvais temps, mais elle insistait (sa femme certainement) en disant que ce serait "par endroits" ; "par endroits", voilà le "par endroits", on y est, n'est-ce pas, capitaine ? Devant ou derrière, c'est la même chose ».

À 9 h passées, je dis très timidement (car je savais que c'était une provocation pour un capitaine de lui dire ce qu'il avait à faire) « Capitaine, on ne retournerait pas en arrière ? ». Il fit semblant de ne pas entendre, mais peu après il interroge Zaphiropoulos (d'homme à homme) : « Que penses-tu, "Monsieur l'Éphore", on s'en retourne ? » « Certainement, certainement… » fut la réponse et comme la deuxième fois, il reçut la même réponse, il décida de rentrer. Vers dix heures nous nous retrouvons, épuisés, sur les rochers de Kouphonissi, nous couchant par dessus pour sécher et pour nous remettre d'un combat de presque cinq heures avec les vagues déchaînées; nous décidons de rester là où nous avions passé la nuit, prêts à appareiller dès que le temps se calmerait. Mais le vent au lieu de tomber, se renforçait, la mer était démontée et nous passions le temps avec les pêcheurs qui réparaient leurs filets, nous réveillant avant l'aube avec eux parce qu'ils venaient pour mettre en route leurs caïques et aller à leur travail.

Entretemps arrivèrent des gens du coin qui nous apportèrent des morceaux de vases préhistoriques en marbre et en céramique, nous conduisirent au lieu de leur trouvaille, sur un tertre proche. Ne pouvant partir et ayant des outils et du personnel, nous commençons à fouiller, découvrant des tombes du III^e millénaire. Le capitaine, qui supportait mal d'avoir dû faire demi-tour et de ne pas nous avoir menés à bon port, en proie bien sûr aux taquineries des gens du village, nous dit un soir, assez éméché, qu'il part avec le caïque et nos affaires à 3h du matin et qu'il emmène avec lui un seul d'entre nous (les autres prendront le bateau de ligne qui passera dans deux jours), parce qu'il y aura gros temps, mais qu'il conduira le caïque à Vathy Liménari. De fait, nous gardons seulement deux lits de camp, les autres se débrouillant avec les bancs ou des voiles comme couvertures etc... (« de toute façon, dans deux jours on partirait »).

Moi, sur les provisions, j'avais gardé, selon mon habitude, deux miches de pain et la moitié d'une meule de fromage, mon maillot de bain et les vêtements que je portais. Cette fois le capitaine réussit à atteindre Vathy Liménari, après bien des heures de traversée ; il rayonnait quand il revint et nous l'annonça tout joyeux, offrant une tournée pour cette issue heureuse.

Nous avons cherché à terminer la fouille des tombes que nous avions commencée ; quand vinrent le jour et l'heure du bateau, vers une heure du matin, au moment où il arrive au port, nous rangeons nos lits de camp etc..., nous prenons la barque pour nous conduire au bateau, mais en approchant nous apprenons qu'à cause du mauvais temps il ne passait pas par Donoussa et se dirigeait directement vers Amorgos. Inutile de décrire notre réaction quand nous sommes retournés dans l'abri aux filets, sans vêtements de rechange, sans autre nourriture que le pain et le fromage que j'avais gardés (le pain sur l'île est une denrée précieuse et chacun s'approvisionne à Naxos selon ses besoins) et bien sûr le poisson qui est la seule « production » locale (chez des poissonniers à Samos, j'ai vu sur des affiches la mention « producteur de poissons »). Finalement nous sommes restés quatre à cinq jours de plus, menant une fouille qui nous donnait des antiquités importantes, avec uniquement de l'eau de mer pour nous nettoyer de la poussière et de la terre, et pour laver nos seuls dessous que nous remplacions par nos maillots. Nous assistâmes au plus beau et au plus astucieux des *Karagiozis* que j'ai jamais vu, montré par un Naxien qui faisait le tour des Petites Cyclades l'été avec un drap et sa troupe (!), c'est-à-dire lui et, je pense, un petit jeune comme assistant.

Il vaut la peine ici de dire deux mots de la vie à Kouphonissi (Épano Kouphonissi, l'îlot habité) à cette époque (*Fig. 38-40*). Quelques années plus tard,

*Fig. 38* – Kouphonissi.

à la fin des années soixante-dix, il nous a été donné d'assister à une séance du Tribunal d'instance à juge unique sur l'aire devant le moulin (*Fig. 39*), sur la langue qui ferme le petit port de Loutro au sud. J'ignore les raisons pour lesquelles le procès ou peut-être les procès se tenaient ce jour-là à cet endroit ; le spectacle de ce rassemblement d'hommes en plein air, devant un moulin, sous le soleil et au bord de la mer, sans sièges, avec seulement une table et deux ou trois chaises pour les magistrats, pour régler leurs différends devant la justice (les affaires pouvaient avoir trait aux champs des alentours) renvoyait par association à d'autres époques, et notamment à l'Antiquité ; naturellement c'était pour nous une expérience sans précédent qui nous est restée en mémoire de manière indélébile.

Quand, *in fine*, nous sommes arrivés à Vathy Liménari, l'excellent artiste qui dessinait les trouvailles de nos fouilles, notre ami le peintre Kôstis Iliakis, était là et nous attendait absolument seul (c'était lui qui avait accompagné nos affaires avec le caïque) ; il avait déjà dressé avec les habitants tout le décor de notre séjour, et nous reçut avec du café chaud et un cake que les filles de l'équipe avaient pris avec elles pour les fouilles, qu'elles avaient expédié avec le caïque et qui allait bientôt se gâter – Iliakis ne pouvant pas le manger tout seul. Les tentes avec les lampes-tempête allumées, les lits de camp prêts à recevoir des draps propres, la possibilité de nous changer, l'éclat du feu qui nous accueillit dans notre résidence de ce port isolé, tout cela nous parut le comble du confort et du bien-être, après le séjour à Kouphonissi. Dès le lendemain soir nous avons commencé notre vie régulière : on prenait des poissons au filet pour les jeter dans la poêle qui attendait sur le feu, dans les cendres duquel cuisaient des patates et des oignons, on cuisinait les légumes qui venaient de Naxos ou l'on mangeait des langoustes qui étaient alors très nombreuses, parce que, dit-on, il y avait par là un banc, si bien que les pêcheurs du coin nous les vendaient bon marché (mais pas les gens de Donoussa) et que c'était moins cher de manger des langoustes que des conserves. Et naturellement, toutes les provisions, sauf les conserves, étaient partagées à moitié avec les mulots qui faisaient la fête à peine étions-nous arrivés.

Il ne faut pas oublier que c'était du temps de la Junte et que nous avions le privilège de chanter librement, souvent en hurlant d'enthousiasme, toutes les chansons interdites, surtout du Théodorakis ; si on prenait quelqu'un dans la rue d'une zone habitée en train de les fredonner, ou de les siffler, il allait « sur le champ » au frais ; à Vathy Liménari, il n'y avait que les étoiles et les vagues pour nous entendre.

Nous avions cependant des solutions de rechange pour rompre la monotonie du séjour à Vathy Liménari, par exemple une promenade tout près, à Mersini, en début de soirée, quand la chaleur était tombée et que nous pouvions escalader le versant abrupt pour atteindre la zone habitée, qui était considérée comme riche en raison de l'eau qui coulait et arrosait les quelques jardins. Malgré cela, les produits étaient peu nombreux et le melon (*peponi*) était considéré comme une denrée précieuse, comme nous nous en sommes rendus compte un soir où nous avions été invités pour un *raki* : c'était une période de jeûne, avant le quinze août, et on nous avait gardé ce qu'il y avait de meilleur comme mézé et c'était un *peponi*. Résultat du mézé et de la soirée : tous ceux qui étaient allés à Mersini retournèrent pompette parce que le *raki* abondant et costaud, sans manger, nous donna à tous l'impression d'avoir des ailes et, en chemin nous nous sommes déchaînés sur les chansons interdites chantées à tue-tête, sans regarder où nous marchions, ni où nous trébuchions, dévalant la pente au-dessus du campement où les autres rêvassaient en sirotant leur vin et en grignotant quelques vrais *mézé*. En arrivant, nous commençâmes à leur lancer des pierres, à envoyer du sable, à chercher à les pousser à l'eau ; notre bonne humeur était communicative, et s'en suivit un fol affrontement, avec des instruments de cuisine et des *zembilia* dans les airs, et pas toujours vides, souvent pleins de déchets ou de terre, ce à quoi personne ne faisait attention, car nous étions tous fous de joie et que nous avions l'impression d'être libres de faire ce qui nous passait par la tête et surtout de crier et de chanter à loisir. Le matin, quand nous nous sommes réveillés et que nous avons vu le champ de bataille, nous n'en avons pas cru nos yeux et nous nous sommes évertués à tout ranger avant l'arrivée des ouvriers locaux, pour ne pas nous ridiculiser.

Je pense à un autre fait, qui pour beaucoup serait anecdotique, mais ne l'est pas. C'était l'époque où Zaphiropoulos était au ministère et il était venu pour peu de temps sur la fouille. Le jour de son départ, j'ai prévenu un des passeurs auquel nous avions déjà eu recours de venir le chercher dans l'après-midi pour le mener à Naxos où le bateau du Pirée passait tard le soir. Notre homme avait trouvé d'autres

*Fig. 39*– Kouphonissi, le moulin devant lequel avait lieu un procès en plein air.

passagers pour Naxos qui voulaient aller faire des courses le matin et il arrive à 9 h pour prendre Zaphiropoulos. Je lui dis que le caïque a été retenu pour l'après-midi et que le pauvre homme n'avait rien à faire toute la journée à Naxos. Nous avons des mots, je m'énerve, j'ai dû lui dire des injures, je le renvoie et nous en trouvons un autre pour faire le trajet. Bien des jours plus tard, Tsakos arrive de Myconos pour rester un peu sur la fouille, sans doute pour que je puisse aller, moi, signer des papiers, ou quelque chose dans le genre. Il arrive le soir tard à Moutsouna, et à Naxos il attend le caïque qui doit venir le prendre. Au café, il lie conversation avec les pêcheurs et leur dit où il veut aller, quand l'un d'eux se lève et lui demande s'il va rejoindre les archéologues. La réponse étant positive, il lui répond : « je t'aurais bien amené, mais il y a là cette bonne femme... » ; et Tsakos de lui demander « tu veux dire Madame Zaphiropoulou » et l'autre de répondre : « Madame ? Quelle dame ? Elle est comme ma femme ... ».

En 1967, nous fîmes une autre fouille, riche en péripéties, sur l'île inhabitée de Kéros, qui, à l'époque préhistorique, devait être très peuplée. Kéros est une île désertique en face de d'Épano Kouphonissi, connue depuis longtemps pour

*Fig. 40a*– Kouphonissi ; *b*– Kato Kouphonissi (îlot inhabité).

*Fig. 40c* – Kato Kouphonissi (îlot inhabité)..

ses trésors archéologiques (de nombreux musées du monde possèdent des figurines et des vases de marbre remarquables venant de Kéros). Quand mon collègue, Christos Doumas, était à l'Éphorie des Cyclades, avant moi, il a fait une petite fouille au lieu-dit Daskalio, une grande excroissance rocheuse, séparée maintenant de la côte (*Fig.39*, au fond à gauche du moulin), il n'y trouva que quelques vestiges de maisons antiques. Comme le bruit continuait à courir qu'il y avait beaucoup d'antiquités, nous fûmes obligés d'aller là-bas planter encore une fois notre tente

*Fig. 41* – Figurine cycladique provenant de Kéros (début du IV<sup>e</sup> millénaire av. J.-C.).

sur la plage, mais sur un petit espace de sable entre des rochers abrupts. La côte était en face d'Épano Kouphonissi, à peu près dans la partie nord-ouest de l'île, exposée de plein fouet au vent du Nord. Là, l'eau venait de Épano Kouphonissi et les provisions de Naxos, avec laquelle nous avions des relations presque quotidiennes, car finalement juste au-dessus de la côte où nous campions, il y avait une foule de morceaux d'ustensiles en marbre ou en terre et de figurines en marbre. Leur nombre était si grand que, pour ne pas les conserver dans une île déserte, nous étions obligés de les expédier souvent au musée de Naxos dans des cagettes à poisson.

Outre cette masse de trouvailles, nous découvrons un jour dans une tombe une idole de marbre intacte, rare par sa taille (plus de 0,50 m de hauteur; *Fig. 41*). C'est vers midi que nous l'avons mise au jour et pas moyen d'avertir un caïque de venir la prendre; aussi avons-nous décidé de la garder avec nous ce soir-là, mais chacun de nous se faisait du souci. Je l'installe sous mon oreiller dans mon lit de camp, avec un grand couteau, tant nous pensions, moi comme les autres, que si on nous attaquait pendant la nuit pour la voler, en ce lieu complétement désert, nous les en empêcherions, moi avec mon couteau et le gardien, qui couchait cette nuit-là à la porte de la tente, avec une hache pour couper les grosses branches. Inutile de décrire la façon dont j'ai dormi avec la figurine sous la tête ! Au matin arrivèrent les gendarmes et ils nous conduisirent jusqu'au Bureau de la gendarmerie, où nous la laissâmes en garde jusqu'à ce que vienne un bateau pour la transférer, sous bonne garde armée, au musée de Naxos.

À Kéros, nous avons fouillé aussi à un autre endroit, à Gerani, à environ quatre kilomètres au nord-est de Daskalio, où n'avait été trouvée qu'une masse de tessons, provenant de vases préhistoriques. Nous fouillâmes une semaine sans parvenir à déterminer ce que nous explorions, ni continuer car sur un espace de quatre mètres sur quatre on avait rempli presque quinze grandes boîtes en carton sans avoir trouvé trace de constructions. Or, pour aller de notre campement à Gerani, nous faisions chaque matin quatre kilomètres et autant au retour l'après-midi, sur certains passages à pic nous nous encordions, non seulement parce que le chemin étroit était dangereux, mais parce qu'il y avait dans ce coin un tel vent du Nord qu'il pouvait renverser un homme jeune de deux mètres. C'est presque ainsi que nous avons fouillé un peu plus tard un établissement à Donoussa, encordés au-dessus d'un ravin qui tombait à pic dans une mer profonde, en bas de la fouille.

# CYCLADES DE L'OUEST
# LES PÉRIPÉTIES CONTINUENT

## Kimolos

Les petites Cyclades n'étaient pas les seules à nous réserver des aventures. À Kimolos, Kontoléon en 1953 avait fouillé des tombes dans un cimetière au lieu-dit Hellénika, dans la partie sud de la côte ouest, où il y avait aussi les ruines d'un établissement dans une autre Daskalio, îlot rocailleux face à la terre ferme, qui dans l'Antiquité formait sans doute un seul ensemble avec Kimolos [1]. Les fouilles de Kontoléon avaient livré un grand nombre de vases, essentiellement du VIII^e^ siècle av. J.-C., mais aussi des époques classique et hellénistique (V^e^-II^e^ siècles av. J.-C.), qui étaient conservés, en l'absence même d'une simple réserve, dans une pièce de l'hospice d'Aphentakeio. Le site dit Hellenika est à une heure à pied de Kimolos (à marche normale). Kimolos, au sud-est de Milos, était une petite île très belle (*Fig. 42a-c*), oubliée du monde, dont les relations les plus habituelles et les plus proches avec le monde civilisé étaient la liaison entre Psathi (port de Kimolos) et Pollônia, un petit village de pêcheurs sur la côte nord-est de Milos. Le bateau de ligne passait par Kimolos une fois par semaine, si le temps le permettait, en descendant vers Milos et, la semaine suivante, en retournant au Pirée. Les voyageurs qui allaient à Kimolos, s'ils réussissaient à prendre le bateau qui passait par Kimolos au retour, allaient à Adamas de Milos où ils arrivaient tard dans la nuit, et, s'ils avaient une cabine, ils y restaient en attendant le départ du bateau, qui

1. Dans l'Égée, on compte aujourd'hui un assez grand nombre d'îles rocailleuses où sont conservées des ruines désignées comme *Daskalio*, parce que, selon une tradition populaire, des « instituteurs » y habitaient. En grec moderne *Daskaloi* signifie « instituteurs » (note du traducteur).

Κάστρο
Κιμώλου
1970

*Fig. 42a-c* – Kastro de Kimolos (1970).

chargeait et déchargeait pour le Pirée ; plus fréquemment, si le temps était bon pour franchir le détroit Pollônia-Psathi, ils prenaient un taxi, traversaient entièrement Milos, depuis Adamas jusqu'à Pollônia, sur la côte est, où les attendait une barque qu'ils avaient retenue pour les « larguer » en face à Kimolos, tout cela par nuit noire, après un voyage de neuf à dix heures. Ce sont les mêmes désagréments qui guettaient les voyageurs pour le Pirée, s'ils ne pouvaient pas attendre la semaine où le bateau passait par Kimolos au retour.

Les tombes qu'avait fouillées Kontoléon faisaient partie d'un grand cimetière, que la mer grignotait peu à peu, de même que les plongeurs et autres amateurs d'antiquités. Le cimetière avait été en usage depuis l'époque mycénienne (XIIe siècle av. J.-C.) jusqu'à la fin de l'époque hellénistique à peu près (IIe siècle av. J.-C.).

Mon premier contact avec ce site datait de 1964, quand nous avions appris que, sur un promontoire à la pointe nord-ouest de la côte, qui avait été transformé en une échelle de chargement de « terre de Kimolos »[2] par la compagnie qui l'exploitait, avaient été découvertes des tombes, à moitié détruites par les engins et les camions qui circulaient là. Au fond de l'une d'entre elles avait même été conservée, écrasée par la roue d'une grosse voiture, mais sans s'être désagrégée, une figurine de terre cuite anthropomorphe, qui constitua la meilleure preuve de la destruction des tombes et qui conduisit les responsables au tribunal ; ceux-ci essayaient de montrer qu'il n'y avait pas d'antiquités dans les tombes et qu'ils les avaient trouvées déjà détruites. À cette époque, comme les gardiens étaient peu nombreux, c'est Spyros Marcantônis qui était chargé de surveiller Kimolos, alors qu'il était le gardien de Milos Est et Nord, où se trouve le célèbre site préhistorique de Philacopi (en même temps Marcantônis était recolleur dans différents musées des Cyclades, comme je l'ai déjà dit).

À Kimolos, au lieu-dit Kavos à Hellenika, il y avait une excroissance rocheuse surélevée par rapport à la plage de sable et récemment j'ai appris d'un vieil habitant de l'endroit que, à son extrémité, on voyait une forme qui ressemblait à un « chapeau de papas (pope) » (selon son expression) ; c'est pourquoi on l'appelait « Kaloupi » ou quelque chose comme cela[3]. Le site fut détruit avant 1964 en même temps que les tombes antiques par les engins de la compagnie qui travaillait là. L'autre extrémité de la côte au sud qui se termine par une vraie éminence rocheuse est appelée Kampana.

Nous sommes donc partis à Kavos, à Hellenika, pour quelques jours de fouilles, avec Marcantônis et des ouvriers de Milos pour sauver ce qui pouvait l'être. Résider dans l'île s'avérait difficile, et, pour cela, dans la mesure où le temps le permettait (il y avait un fort courant entre les deux îles) nous faisions la traversée Pollônia-Hellenika avec le *caïque* d'Augustin Galanos, un pêcheur de Kimolos qui assurait aussi la liaison Pollônia-Psathi, qu'il pleuve ou qu'il vente. Nous arrivions à Pollônia depuis Plakes où nous habitions, avec le tracteur de Spyros, très fier de ce moyen de transport qu'il avait acquis et appris à conduire. Voici ce qui montre combien il en était fier : un premier mai, nous sommes allés à Kimolos, à la fois pour le travail et pour fêter le premier mai en buvant un verre ; revenant le soir, tous très joyeux sur le tracteur que Spyros conduisait avec maestria, nous le

2. Cette « terre de Kimolos » est une terre crayeuse de couleur blanche, la cimolite, En grec, la craie se dit *kimolia*.

3. *Kaloupi* serait une contraction populaire de « kalumauchi papa » qui désigne le chapeau des popes.

voyons qui s'arrête en montant à Plakes et regarde derrière lui Kimolos qui s'était déjà assez éloignée et profère ces paroles dignes d'un philosophe : « qu'est-ce que l'homme et ses machines, où étions-nous ce matin (on aurait dit qu'on était allé en Afrique pour un safari) et où nous trouvons-nous maintenant... ? ».

Nous avons continué sur ce site un certain temps de la même façon (Pollônia-Hellenika) et, l'année suivante, nous avons fait des recherches sur toute la surface du Kavos et dans une tombe, sous la plage de sable là où nous pensions, mais nous n'en étions pas sûrs, que Kontoléon avait fouillé et trouvé le cimetière géométrique (VIII^e siècle av. J.-C.). Cette année-là nous avions un collègue de Chypre, Léandros Antôniadis qui travaillait alors pour un petit moment dans les Cyclades, comme assistant scientifique, opportunité précieuse et rare pour l'époque. Kontoléon avait fouillé aussi sur la plage des tombes classiques et hellénistiques (V^e-II^e s. av. J.-C.), que les vagues rongeaient petit à petit. Comme nous étions là, voilà que Marcantônis, esprit curieux qui furetait partout, nous appelle : « Venez voir il y a des tombes dans l'eau ». De fait, nous entrons dans la mer et là où on avait encore pied, à 5-6 m de la côte, dans le sable, il y avait des sortes de petits sarcophages, sans doute des tombes d'enfants, pas plus de trois, si je me souviens bien. Nous commençons à fouiller, si l'on peut dire, Léandros et moi en maillot, tandis que Spyros et les deux ouvriers étaient rentrés dans l'eau en relevant leurs pantalons, qu'ils avaient trempés au moins jusqu'à la taille. Malgré nos efforts, cette « fouille », expérience curieuse et unique, n'eut pas de résultat parce que la mer et les voleurs d'antiquités avaient recueilli le contenu des « tombes », s'il s'agissait bien de tombes et qu'il y avait des offrandes à l'intérieur.

Nous fîmes une autre expérience, peu anodine : comme le vent soufflait, nous ne souffrions pas de la chaleur et Léandros et moi, nous nous étions protégés tout le corps avec de la crème solaire, mais comment aurions-nous pensé à des coups de soleil sur les oreilles, nous les archéologues insolites qui ne portions pas de chapeau à cause du vent. Il s'en suivit que nous courûmes dare-dare à la pharmacie de Milos (car encore aujourd'hui il n'y en a pas à Kimolos) pour soulager nos oreilles de ces brûlures ; naturellement à partir de là, le chapeau devint le premier 'accessoire' indispensable du fouilleur. À cette époque, architectes et dessinateurs, comme je l'ai déjà dit, étaient une rareté, particulièrement sur les petites fouilles et, en conséquence, je faisais seule les plans, le carnet de fouilles, les photographies, sauf s'il y avait les moyens d'engager en saison, pour une période très courte, un jeune archéologue comme assistant scientifique, que nous déclarions la plupart du temps comme ouvrier pour pouvoir le payer.

Un peu plus tard, Kimolos, à son tour, obtint un gardien, l'admirable Manolis Aphentakis, de Kimolos, qui aurait donné sa vie pour sauver les antiquités de son île, dont il était particulièrement fier. À coup sûr, son grand souci concernait le site d'Hellenika, où il allait presque tous les jours, particulièrement l'été, observant tout mouvement louche, sur terre ou sur mer (parce qu'on considère le lieu comme idéal pour les activités sous-marines des « plongeurs »). En 1968, il m'avertit que les vagues lèchent des tombes non fouillées par Kontoléon et qu'il faut faire quelque chose. Donc, on y va et on commence des fouilles dans le sable et en bordure de mer, avec des ouvriers de Kimolos désormais. Les fouilles furent poursuivies l'année suivante et je décidai alors parallèlement de restaurer les objets antiques que Kontoléon avait trouvés, mais qui, à cause des très mauvaises conditions de conservation, n'étaient presque plus reconnaissables (entassés les uns sur les autres, les petits vases étaient à moitié disloqués). Nous logions avec deux jeunes restauratrices à l'Hospice, dans un environnement pas très agréable, mais c'était la seule possibilité pour coucher dans l'île et pour ne pas venir chaque matin de Pollônia. Déjà, à la fin des années cinquante, la famille du médecin Vaphias avait offert une belle maison avec un étage face à la Métropole pour en faire un musée, et pour héberger temporairement les archéologues ; mais en raison des procédures administratives, ce n'est que maintenant, au début du XXIe siècle, que le musée a été réalisé et il est aujourd'hui un des plus jolis petits musées des Cyclades.

Le parcours jusqu'à Hellenika se faisait normalement à pied, bien que nous disposions d'un âne pour porter les outils et le repas, car nous revenions vers 5 h l'après-midi.

Cette fois, nous avons décidé de rester à Kimolos, la Direction de l'Hospice nous ayant aimablement proposé de nous héberger, puisque nous nous occupions aussi de la conservation des antiquités de Kimolos. À cette époque, les restaurateurs d'antiquités qui avaient fait une école spécialisée et n'avaient pas appris le métier sur le tas étaient quelque chose de tout nouveau, et nous étions très fiers quand nous pouvions avoir un technicien formé pour ce travail. C'était le début du printemps et les jours étaient courts. Un jour on découvrit une tombe avec beaucoup d'offrandes, que nous ne pouvions laisser jusqu'au lendemain. Nous sommes restés uniquement avec Manolis et l'ouvrier en espérant terminer avant la nuit. La tombe était creusée dans le sol sableux, elle se poursuivait sous un rocher en saillie, formant comme une sorte de grotte suspendue au-dessus de nous. Travaillant sans nous arrêter pour finir avant la nuit, nous ne fîmes pas attention à un ou deux passants qui nous saluèrent en nous disant de prendre garde au rocher suspendu au-dessus de nos têtes. Quand nous eûmes fini, l'obscurité était venue et nous sommes rentrés très lentement, mettant deux fois plus de temps pour atteindre le village. En approchant, il devait être autour de 8 h, nous distinguons des lumières qui bougeaient et venaient vers nous. Que se passait-il ? Les paysans qui nous avaient croisés tôt le matin, avaient rapporté qu'ils nous avaient vus engouffrés sous un rocher suspendu au-dessus de nous, et lorsque nos proches (la famille de Manôlis, de l'ouvrier et aussi les restauratrices) virent que nous n'étions pas revenus à l'heure, ils commencèrent à s'inquiéter ; ils réveillèrent le village pour que l'on parte à notre recherche, avec des bêtes pour nous ramener, si nous étions vivants. Ce qui se passa quand ils nous virent sains et saufs, est indescriptible. Ils nous embrassaient, ils nous offraient tout ce qu'ils avaient pris avec eux, ils nous ont enroulés dans des couvertures pour nous réchauffer… De telles expériences dédommagent, je pense, de ce qu'endure l'archéologue comme fonctionnaire.

## Milos

Une autre île où devait intervenir fréquemment le Service archéologique, parce que l'on ne pouvait creuser sans faire sortir des antiquités, c'était Milos, où s'est développé une culture importante dès le IVe millénaire. Ce n'était pas tant les voleurs d'antiquités que les compagnies minières (Milos est une des régions les plus riches en mines et minerais en tous genres) qui ont exploité et continuent à exploiter au maximum le sol de l'île, laissant souvent un paysage lunaire derrière eux, quand ils ont achevé leurs travaux. La partie ouest de Milos, la région de Halaka, reste pratiquement inhabitée, livrée au bon vouloir des compagnies. Si c'est encore le cas aujourd'hui, au début du XXIe siècle, on peut imaginer la situation dans les années soixante. Pour aller à Halaka, qui est la partie ouest du port très profond de Milos (4 milles de long), il fallait se lever bien avant l'aube en partant de Plaka, la capitale de l'île, où nous étions logés amicalement dans la maison du gardien ou de sa famille, car il n'y avait pas d'hôtel, sauf au port, à Adamas.

À cette heure, les bus ramassaient les ouvriers des mines qui travaillaient dans toute l'île. Nous montions nous aussi avec eux dans le bus pour Adamas, où nous attendait un caïque pour passer en face à «Nimborio», une échelle à peu près au milieu de la côte est de Halaka, fabriquée par les compagnies pour leur personnel. Là, les camions attendaient les ouvriers pour les transporter sur leur lieu de travail, mais nous nous continuions à pied si nous n'allions pas dans la direction des ouvriers. Une de nos fouilles se trouvait sur la pointe nord de Halaka, au lieu-dit Vani, à une heure à peu près de Nimborio, au sein d'une végétation buissonneuse et en général épineuse, car il n'y avait pas de route sauf celles qu'ouvraient les compagnies pour répondre à leurs besoins. Ces fouilles (1965) ont duré environ dix à douze jours et nous, c'est-à-dire moi, Léandros, le gardien et deux ouvriers, nous faisions chaque jour ce chemin qui pour moi se trouvait entre rêve et réalité, particulièrement le matin, avant qu'il ne fasse jour, avec les ouvriers des mines qui portaient leurs combinaisons et leurs casques en métal; j'avais l'impression de participer à un film du cinéma italien d'avant-garde, qui faisait fureur avec des thèmes sur l'exploitation des ouvriers, les luttes syndicales, avec Mastroianni, Magnani et d'autres encore...

Cette même année (1965) nous avons essayé de créer à Milos un musée qui soit visitable: les antiquités étaient toutes entassées dans une salle de l'école primaire à Plaka, la capitale de l'île, dirons-nous. Là où se trouve aujourd'hui le terminal des bus et où il existe une petite place, sur la route qui conduit au Kastro, on nous avait donné trois pièces, que nous avons transformées en musée, avec des vitrines d'un nouveau type, c'est-à-dire en bois, mais avec des parois vitrées. Pour des raisons économiques toutefois les étagères étaient encore en bois; elles furent remplacées plus tard par du verre; les crédits de l'Archéologie sont en général très faibles, mais à cette époque ils l'étaient encore plus. Il n'y avait d'hôtel qu'en bas au port, à Adamas et pour le restaurant, n'en parlons pas – aujourd'hui particulièrement dans cet endroit de Plaka il y a toutes sortes d'endroits pour manger, et c'est amusant d'écrire qu'il existait seulement un café qui servait du café et vous faisait la grâce d'un œuf au plat, s'il y en avait, et c'était rare.

En conséquence, tout ce qui nous restait c'était d'être nourris par ceux qui le voulaient bien et je dois dire qu'ils étaient assez nombreux ; au premier rang de ceux-ci se trouvait la famille de l'instituteur Antônis Halkoutsakis, qui avec son gendre, Vasilis Sophikitis, lui aussi instituteur, furent pour assez longtemps épimélètes extraordinaires des antiquités, comme cela se faisait à l'époque. C'est-à-dire que l'on désignait des instituteurs comme épimélètes extraordinaires des antiquités pour aider le petit nombre des archéologues du Service, essentiellement pour qu'ils informent de tout ce qu'ils apprenaient sur les antiquités du lieu où ils résidaient en permanence. À l'époque où nous travaillions avec mon collègue Tsakos au nouveau musée de Plaka, Antônis Halkoutsakis était instituteur à Pollônia et je me souviens que nous attendions que sa femme, Catina, rentre de son travail en disant « Antônis a apporté à nouveau du poisson (ou en apportera) », ce qui voulait dire que nous mangerions bien le soir. Et l'autre gendre de la famille, l'agronome, se souciait aussi de nous ; un jour que sa femme était partie de Milos il nous a fait lui-même des œufs à la poêle et des patates et nous les a apportés, une heure après que le *kaphénio* nous ait servi deux œufs au plat dont il disposait ce jour-là. Bien sûr, nous avons tout mangé pour ne pas paraître impolis.

Il y avait, outre la nourriture, un problème de couchage, et en conséquence, nous étions logés dans les maisons appartenant aux familles des gardiens, qui eux non plus ne nous laissaient pas jeûner quand nous rentrions tard le soir, nous réservant quelque chose à manger, recouvert d'un linge sur la table. Un soir cependant nous eûmes une aventure qui faillit nous faire coucher dehors. Nous arrivons donc vers minuit au village où nous logions à Plakes et nous voulons entrer par la porte dans la chambre qui nous avait été attribuée. C'était une porte caractéristique des Cyclades : le haut s'ouvre, on passe la main à l'intérieur, on actionne le verrou et on entre. Mais, en la circonstance, le verrou était bloqué d'une façon ou d'une autre et la partie supérieure n'ouvrait pas. Les propriétaires dormaient profondément et comment les réveiller ? Faisant le tour de la maison pour essayer de rentrer, nous trouvons une fenêtre entrouverte (c'était l'été) et nous sommes tout contents de pouvoir passer par là (la maison était un petit rez-de-chaussée avec des fenêtres basses), même s'il s'agissait d'une fenêtre. Nous l'ouvrons et, ô désespoir, nous voyons que nous sommes au-dessus du grand lit conjugal qui occupait presque toute la pièce et où les propriétaires dormaient comme des bienheureux. Pas besoin de décrire notre déception ! Il n'y avait pas d'autre solution que de sauter sur le lit sans réveiller les occupants. Nous décidons que c'est Tsakos, léger et agile, qui sautera, qu'il passera au milieu du couple, qu'il traversera la pièce pour ouvrir notre porte de l'intérieur. L'entreprise réussit sans complications et nous trouvâmes un lit pour le reste de la nuit ; et dire que nos hôtes prétendaient avoir le sommeil léger et se réveiller au moindre bruit !

Une autre fois, avec Léandros, comme nous remontions à pied d'Adamas, où nous étions restés tard, en suivant un chemin à travers champs (je pense qu'il n'y en a plus aujourd'hui) nous tombons sur un champ de *peponia* (melons) et nous nous disons que nous pourrions en manger un. C'était la nuit, on n'y voyait rien et aucun de ceux que nous cueillions n'était mangeable. Résultat: nous en avons coupé une vingtaine que nous avons rejetés en jurant, car aucun n'était mûr. Le lendemain l'endroit bruissait de la nouvelle, selon laquelle des gens –sans doute des fous– voulaient du mal au propriétaire du champ, bien sûr inconnu de nous, puisqu'ils lui avaient dévasté son champ, coupant et jetant à moitié ouverts les *peponia* verts. Nous ne sommes plus passés par là même de loin. Maintenant tout ce coin est plein de «rooms for rent» et d'établissements hôteliers, comme l'écrivent les guides touristiques.

## Siphnos

Comme je l'ai raconté ci-dessus, Milos et Kimolos appartenaient aux Cyclades de l'Ouest, Siphnos occupant la seconde place après Milos. Ce classement concernait essentiellement les gens du coin, parce que Milos avec ses ressources minières était économiquement florissante et n'avait pas besoin du tourisme, alors que Siphnos avait été découverte par l'Athènes 'intello' de l'époque avec Hydra (cette dernière plus tôt) et était considérée comme lieu privilégié de repos et d'évasion loin de la vie 'fatigante' de la ville ; elle était devenue un centre assez 'fermé' que fréquentaient les membres de ce qu'on appelait la 'bonne' société athénienne.

En fait Siphnos dépendait de Milos pour les différents services publics et je me souviens que lorsqu'on déplaçait ou qu'on détachait un enseignant ou tout autre fonctionnaire de Milos à Siphnos, même pour peu de temps, il était très malheureux. Malgré tout Siphnos disposait de plages fascinantes, comme Milos, mais sans les paysages volcaniques extraordinaires de cette dernière, et sans sa vie provinciale (je fais allusion aux neuf ou dix mois de l'année sans les habitants des « hautes sphères » de l'été). En bas, au port, à Kamarès, de simples tavernes à poisson accueillaient les étrangers, avec quelques maisons, alors que Plati Yalos, aujourd'hui très fréquenté et mondain, sur le côté sud-est de l'île, était un grand centre de céramique ; c'était l'endroit, avec ses céramistes et ses fours, où l'on fabriquait toutes sortes de vases et d'ustensiles d'argile (*tsoukalia*) de Siphnos, qui étaient exportés à Maroussi en Attique, au début, puis ce sont les potiers eux-mêmes qui furent exportés avec la terre de Siphnos. Les terres cuites de Siphnos, mais aussi d'autres ateliers de Grèce, avaient juste commencé à quitter les quartiers pauvres où elles servaient d'ustensiles de base pour les ménagères, et à entrer dans les maisons bourgeoises comme un article de bon goût et un signe 'de la plus haute culture'.

À Siphnos, approximativement au centre de l'île, s'étaient formés sur différentes collines des habitats séparés, qui, aujourd'hui, se rejoignent presque : Artémônas, Apollônia, Exambela, Petali Epanô et Katô et, au fond, à peu près au milieu de la côte est, le très beau Kastro suspendu au-dessus de la mer sur une éminence rocheuse élevée. Les Kastriens, malgré leur isolement, considéraient (j'utilise l'imparfait, parce que la situation a pu avoir un peu changé, quoique je n'en sois pas sûre) qu'ils étaient les « nobles » de l'île et méprisaient presque tous les autres, même dans leur vie quotidienne ; lorsqu'ils devaient aller pour leurs affaires à Artémônas ou à Apollônia ils le faisaient de mauvais gré, disant « voyons comment nous nous débrouillerons avec ces villageois ». C'était sans doute une forme de résistance à la façon dont les autres Siphniens les considéraient, et les considèrent encore aujourd'hui, en les traitant de paysans mal dégrossis. La vie était concentrée essentiellement à Apollonia, alors qu'à Artémônas on entendait le bruit de ses pas en se promenant en fin d'après-midi, et pas seulement en hiver.

Naturellement, les communications maritimes n'étaient pas des meilleures, car en plus des liaisons espacées, il y avait un gros problème pour les habitants des Cyclades de l'Ouest: la plupart des services publics se trouvaient à Syros, capitale du département, avec laquelle il n'y avait de relation qu'une fois par semaine, sinon on allait au Pirée, c'est-à-dire que l'on faisait Siphnos-Pirée et Pirée-Syros avec retour (comme je l'ai dit ci-dessus le bateau du Pirée à Milos desservait seulement les Cyclades de l'Ouest: Kythnos, Sériphos...). Et en voici un exemple: une fois j'avais du travail pour une demi-journée et j'ai été obligée de rester bouclée pour une semaine dans une chambre de l'hôtel –presque unique– dont la propriétaire, Madame Héléni je crois, me dorlotait car j'étais sa seule cliente. C'était en novembre et elle m'enroulait dans des couvertures, en l'absence de tout autre moyen de chauffage, et elle me nourrissait sur son propre repas qu'elle ne me comptait pas (« que vaut, ma petite, un plat de nourriture ! »).

Siphnos avec Sériphos et Kythnos étaient déjà, dès l'époque préhistorique, des îles connues pour la présence de minerais de cuivre, de fer et de plomb. Les mines d'argent de Siphnos étaient célèbres dans toute la Grèce antique et représentaient une grande source de richesse, ce qui signifie que les villes de l'île à différentes époques avaient une économie florissante, propice au développement des beaux-arts, que, selon les sources antiques, les Siphniens ont particulièrement cultivés ; j'ajouterai qu'ils le faisaient non seulement par amour pour des œuvres, mais aussi pour montrer leurs richesses. Remarquable dans l'Antiquité, le Trésor des Siphniens en marbre de Paros, de la meilleure qualité, fut commandé pour le sanctuaire d'Apollôn à Delphes aux plus habiles sculpteurs et marbriers de Paros, leurs voisins.

Les fouilles furent limitées et continuent à l'être, de sorte que relativement peu de trouvailles furent mises au jour. Parmi les premiers fouilleurs qui ont fait des recherches dans l'île on compte le grand archéologue grec Christos Tsountas, qui découvrit, à la fin du XIX^e^ siècle, une foule d'établissements préhistoriques du III^e^ millénaire av. J.-C. dans la campagne siphnienne. Il fut suivi par des Anglais au début du XX^e^ siècle qui fouillèrent au Kastro ; il apparut que le village actuel post-médiéval a été construit à l'emplacement exact de l'ancienne cité de Siphnos qui fut prospère du VIII^e^ siècle av. J.-C. jusqu'au début de l'époque impériale. Les trouvailles dans la ville n'étaient pas nombreuses, mais certaines étaient importantes pour les renseignements qu'elles donnaient sur les rapports commerciaux et culturels que les Siphniens entretenaient avec leurs voisins de la Méditerranée, mais aussi avec des civilisations lointaines, comme l'Égypte, la Mésopotamie... Malheureusement, nombre de ces trouvailles furent volées par des soldats italiens sous l'Occupation et celles qui restèrent étaient gardées, à la fin des années soixante, dans l'école d'Apollonia dans des vieux coffres rangés dans une salle dont les vitres étaient brisées, avec, comme conséquence, que les oiseaux y avaient fait leur nid et s'y promenaient librement, en fientant par endroits. Il n'était bien sûr pas question de ranger et d'inventorier le matériel dans de telles conditions et en un tel lieu. Il fut alors décidé d'opérer un transfert dans une salle d'une autre école, dans la région d'Artémônas, et de là, peu après, dans la vieille église catholique de Sant Antonio, au Kastro, qui avait été donnée au Service archéologique dans ce but.

Ce dernier transfert était assuré par mon collègue Tsakos, mais il lui fallait absolument un assistant; or, à Siphnos, il n'y avait pas de gardien, si bien qu'on alla en chercher un à Théra. Celui qui reçut l'ordre d'aller à Siphnos n'était pas habitué à de tels désagréments comme passer de Théra à Siphnos, déplacement qui exigeait plusieurs changements de bateau, puisqu'il n'y avait pas de liaisons entre les Cyclades centrales et celle de l'Ouest. Il arriva quand même tard dans la nuit et, fourbu, alla se coucher pour être prêt le lendemain.

À huit heures le camion arrive à l'école, Tsakos est prêt, mais pas de gardien. Tsakos passe à l'hôtel, frappe à la porte de sa chambre, mais pas de réponse; il tambourine à la porte pendant au moins cinq minutes sans succès, il appelle alors le conducteur, l'hôtelier, les autres hôtes, les voisins, et ils s'apprêtent tous ensemble à enfoncer la porte, qui s'ouvre soudain sur un gardien endormi encore en pyjama, mais qui avait mis sa casquette sur la tête (les gardiens avaient alors un uniforme avec casquette); il demande tout surpris pourquoi tant de tapage, alors qu'il s'était préparé dès qu'il avait entendu le premier coup à la porte...

C'est aussi le moment où le professeur Maridakis, Kastrien, a offert un terrain au Kastro pour un musée, qui heureusement ne souffrit pas des effets de la bureaucratie comme à Kimolos, et fut terminé rapidement; les antiquités furent transférées de l'église catholique dans leur lieu d'exposition définitif, exposition qui prit du temps, à nouveau faute de moyens. Peu après, Siphnos obtint des gardiens, un tout d'abord, Iannis Karavis, puis peu après Iannis Trichas, tous deux consciencieux dans leur travail, surveillant les antiquités de l'île non seulement pendant leurs heures de service, mais aussi pendant leurs moments de détente, à la pêche ou dans leurs promenades à la campagne, ce qui est rare aujourd'hui dans la nouvelle génération, sauf s'ils descendent d'une famille d'anciens gardiens.

Je me souviens comment Karavis a transporté un énorme sarcophage de marbre, depuis Séralia, le port du Kastro, à bout de bras comme on dit, car aucun engin ne passait par ces pentes rocheuses abruptes. Nous l'avions laissé en bas, croyant qu'il ne courait aucun risque d'être enlevé à cause de son poids. Or un collègue qui était venu passer des vacances à Siphnos alla se baigner à Séralia et entendit des gars discuter sur la façon dont, la nuit, ils détacheraient les sculptures des Éros et de la Victoire qui ornaient les côtés du sarcophage. À peine avons-nous eu cette information, que nous avons décidé de le mettre à l'abri et, heureusement pour la circonstance, un des côtés avait été brisé, ce qui en diminuait passablement le poids. À grand peine, on l'a monté, grâce à la persévérance et au courage de Karavis qui réussit à faire descendre un bulldozer presque à la verticale et, lorsque le sarcophage fut en haut, en le faisant rouler, essentiellement à la main, dans les ruelles du Kastro, jusqu'au musée. Un véritable exploit!

Parmi les beautés de Siphnos je n'oublie pas la fête à la Chrysopigi, l'église entourée du monastère sur une langue de terre, où chaque année, pour l'Ascension, a lieu une fête magnifique : un bateau de ligne est affrété pour amener du Pirée, la veille, les pèlerins avec le métropolite de la région ; parallèlement un bateau de guerre de la flotte vient jeter l'ancre dans le petit golfe, décoré de drapeaux, et, le soir, illuminé. Avec les vêpres, les psaumes se diffusent dans l'air diaphane et dans la moiteur des alentours ; quant à moi je m'imaginais qu'ils faisaient la fête et chantaient pour l'été qui venait, au milieu du bleu du ciel infini et de la mer qui scintillait dans la lumière pure, dorée ou rose, du soir, cette lumière qu'on ne trouve que dans les Cyclades.

Après les vêpres, la fête bat son plein avec repas et vin dans la salle à manger du couvent où tous les pèlerins en rangs goûtent la viande et la fameuse soupe de pois chiches, le plat de Siphnos par excellence ; à la fin, dès qu'un groupe a terminé le repas, ses pèlerins tapent en rythme sur leur assiette avec les fourchettes et les cuillères en criant : « Viva le "panégyriste" » et « Viva la "panégyriste" » (la femme du donateur). C'est-à-dire qu'ils souhaitent aux donateurs de la panégyrie beaucoup de bien-être. Les donateurs sont ceux auxquels revient chaque année de garder l'icône chez eux – selon la coutume ancienne, car maintenant ils la laissent dans l'église de leur paroisse, là où débute la procession de l'icône le jour même de l'Ascension, en faisant le tour de toutes les paroisses et des lieux habités de Siphnos.

*Fig. 43a* – Vue de Sériphos.

## Sériphos

Sériphos était la troisième île en importance des Cyclades de l'Ouest, en face de Siphnos, avec laquelle elle entretenait des rapports du même type que ceux qui liaient les habitants de Milos et de Kimolos, les Seriphiôtes étant considérés par les Siphniens comme « sous-développés » (avant que leur île ne devienne

*Fig. 43b-c* – Vues de Sériphos.

*Fig. 44* – Mairie de Sériphos.

aussi à la mode). Pour moi au début des années soixante-dix, Sériphos était un superbe bourg cycladique, perché sur les hauteurs face à la mer (*Fig. 43a-c*), divisé en une ville basse et une ville haute qui se terminait au Kastro, l'acropole de l'ancienne Sériphos avec l'église de Saint-Jean le Théologien, où étaient gardées quelques antiquités, essentiellement des marbres tardifs (hellénistiques, romains et paléochrétiens). Il n'y avait pas de musée et nous y venions souvent parce que l'Éphorie des antiquités classiques avait entrepris en coopération avec le Service du tourisme de restaurer et de remettre dans leur état d'origine des moulins à Sériphos, à Kimolos, dans la campagne de Naxos (Tripodes), au Kastro de Siphnos (il n'y en avait qu'un) et des *steiadia* ou *stegadia*, qui sont à Ios des passages couverts. À Sériphos, quand nous eûmes terminé les travaux sur un moulin, la propriétaire, enchantée de notre coopération, proposa de nous héberger, l'architecte et nous les archéologues ; les propriétaires désiraient habiter dans certains d'entre eux en transformant en pièces de petits espaces intérieurs, sans rien changer à l'aspect du moulin. C'est une expérience incomparable et tout à fait fascinante de séjourner en un lieu où soufflent les vents, avec une vue plongeante sur tout le secteur, mais surtout d'être bercés par les différents sons du vent, qui font « trembler » les bois épais si bien que l'on a l'impression d'être entre ciel et terre, comme dans une étreinte aérienne mais bien réelle.

La fois où nous fûmes hébergés, c'était parce qu'il nous fallait rester à la Chôra où n'existait bien sûr ni hôtel, ni chambre à louer (les loueurs de chambres d'aujourd'hui –*rentroumedes* de *rent a room*– qui s'égosillent sur les ports en poursuivant le touriste, il n'y en avait pas, même en rêve). Nous devions séjourner à la Chôra pour assurer le transfert des antiquités de l'église du Kastro dans la salle que nous avait concédée le maire de la petite commune dans un bâtiment néoclassique qui abritait la mairie. La façon dont fut réalisée cette concession est tout à fait amusante, parce qu'elle se fit spontanément, sans que le maire ait eu le temps d'y réfléchir. Voici ce qui est arrivé : nous passons un soir, vers sept heures, sept heures et demi (en tout cas pas l'été, peut-être au printemps car les jours étaient courts et il faisait froid). Nous entrons à la mairie (*Fig. 44*) pour quelque discussion et nous trouvons le maire dans une pièce latérale au milieu d'un tas de papiers, de livres, de boîtes vides, de cantines à moitié pleines ou vides, et, au milieu de pièces de vélos abîmées et de chaises à moitié cassées, quelques marbres antiques. Je lui demande avec surprise : « Pourquoi ces marbres antiques sont-ils là dans cet état ? » (je croyais jusque-là que nous avions enregistré et rangé dans l'église du Kastro toutes les antiquités, à l'exception d'une grande sculpture laissée dans un champ) et il me répond : « c'est ainsi que je les ai trouvées et elles sont là depuis longtemps ». Je lui dis alors : « puisque vous avez ces antiquités ici et qu'il y en a quelques-unes au Kastro, pourquoi ne pas faire de cette salle un musée ? ». L'idée lui plaît, dit-il, « mais où ira cette paperasse ? » Je lui réponds : « on la mettra dans les deux petites remises à côté, où il y a apparemment assez de place, à condition que vous me donniez deux ou trois hommes pour procéder au rangement ». C'est ce que nous fîmes, battant le fer quand il était chaud. Arrivèrent quatre ou cinq jeunes gens, des lycéens, je pense, mais aussi le responsable des livres qui ne pouvait trouver un coin à cause du désordre et du manque de place, et en moins de temps qu'il ne faut pour le dire, à minuit à peu près, l'espace, une petite pièce oblongue, fut transformé en musée, avec les antiquités placées comme on pouvait, avec la promesse qu'un technicien viendrait rapidement les installer comme il faut. De fait, j'ai envoyé rapidement le sculpteur et, avec l'architecte et presque la moitié des gens de la ville haute, nous avons transporté littéralement à la main les antiquités du Kastro jusqu'à la mairie et nous les avons installées à la grande joie des habitants, qui firent la fête avec nous en offrant leur meilleur vin et des mézés improvisés, sans fanfares et sans les « inaugurations » que l'on voit maintenant, même à l'occasion d'un changement de couleur des murs… façon de parler.

Et là j'ouvrirai une parenthèse pour rapporter un événement, qui eut lieu à Délos sans tambours ni trompettes. Les énormes lions de Délos, offrande naxienne du VIIe siècle av. J.-C. au sanctuaire d'Apollon, étaient alignés sur une terrasse rocheuse, légèrement surélevée, en face du Lac sacré, lieu de naissance d'Apollon d'après la mythologie. Quand ils furent trouvés par les archéologues français au début du XXe siècle, ils étaient à moitié brisés, les bases sur lesquelles ils reposaient avaient été détruites et ils gisaient mi-étendus, mi-debout, sur le sol : avec le temps, la terre avait disparu, et il ne restait que le rocher qui ne permettait pas de les poser sur une surface plane. N. Zaphiropoulos, alors Éphore des Antiquités, estima que, pour mettre les lions à niveau, il aurait fallu déverser des tonnes de terre, ce qui aurait naturellement changé la configuration du terrain. Il décida donc avec un simple marbrier de Tinos, le père (*barba*) Aristide Rombos et son aide de les fixer, en complétant ce qui était possible, sur des bases individuelles, de les aligner et de leur redonner ainsi leur antique splendeur. La seule manifestation festive à la fin du travail fut le fait du cabaretier de Délos, le seul café de l'île (et non pas une cafétéria !) qui offrit des cafés et des bières. C'était au début des années soixante.

En 2000, il fut décidé de transporter les lions au Musée pour les protéger de la pollution. On vit arriver équipes sur équipes de spécialistes du transport d'antiquités (dont je ne sais pas si tous connaissaient les problèmes particuliers de Délos, car ils travaillaient dans des milieux très différents) ; à la suite de nombreuses tentatives, ils furent déplacés en présence de membres des ministères et des journalistes qui « couvrirent » l'événement avec des titres comme : « enfin, les lions se sont promenés... ». Suivit une petite réception ou un pique-nique. Et j'ajoute : quelques années auparavant, deux statues célèbres pour la sculpture de Délos et de l'époque hellénistique en général, celles de Cléopâtre et de son mari Dioskouridès, hautes d'à peu près un mètre cinquante chacune, furent déplacées du Quartier du théâtre, où se trouvait la Maison de Cléopâtre et, pour les mêmes raisons de protection, mises au musée ; le transport se fit dans un dédale de petites ruelles, qui montaient et descendaient, sur une distance supérieure à celle du transport des lions (qui furent déplacés sur un chemin presque plat et assez large pour un moyen de transport), et cela par un seul sculpteur, Tassos Giokas, et son assistant, sans la moindre épaufrure et sans la présence des médias.

*Fig. 45* – Vue de Kythnos (1979).

## Kythnos

Dans les Cyclades, Kythnos (*Fig. 45-46*), l'île la plus proche de l'Attique après Kéa, était surtout connue pour ses bains curatifs, au lieu-dit les Thermes (*Thermia*) ou les Bains (*Loutra*), aujourd'hui une ville thermale (comme Ædipsos d'Eubée ou Méthana dans la région de Trézène) sur la côte nord-est. Culturellement et archéologiquement, à la fin des années soixante, c'était une île presque inconnue avec très peu de restes archéologiques (aujourd'hui entre autres choses les fouilles ont mis au jour un sanctuaire important avec une foule de trouvailles, parallèlement aux études qui concernent les minerais, comme je l'ai dit, et les activités métallurgiques). Messaria, à peu près au centre de l'île, loin du port, Mérichas, où il y avait au mieux deux ou trois tavernes-cafés, était un petit établissement, familial pourrait-on dire, qui jouait le rôle de la Chôra pour l'île. Là, dans le Katholikon en ruines d'une église qui donnait alors sur l'humble bâtiment de la commune, étaient rassemblées quelques antiquités qui provenaient de la région de la ville antique de Kythnos, à peu près au milieu de la côte ouest, sur une haute colline, l'actuel Briokastro ou Rigokastro. Là ont été préservés de nombreux vestiges des bâtiments de l'ancienne cité et dans le petit port, en bas du Rigokastro, une grande statue d'homme assis, tombée de là-haut, à moitié enfouie dans le sable; après recherche, cette statue assise serait peut-être celle du poète Ménandre. Faute de bâtiment, nous prenons donc la décision d'organiser une petite exposition à l'air libre, aménageant l'espace du Katholikon, transportant la statue assise et ne laissant qu'un vase dans la salle de la commune. D'ailleurs, la plupart des marbres étaient des fragments d'architecture de l'Antiquité tardive, qui ne risquaient rien à rester à l'air libre, puisque, de toute façon, ils étaient faits pour l'extérieur.

*Fig. 46*– Vue de Kythnos (1979).

Le plus drôle, c'est que, pour aller dans les différents endroits où nous voulions, et même jusqu'à la Panaghia de Kanala, sur une langue de terre au sud-est de l'île, nous prenions le seul bus de l'île, qui nous transportait à la demande, car il n'y avait pas de taxis et le bus faisait le trajet Mérichas-Chôra essentiellement au service des voyageurs. Nous étions aussi frappés par le fait que c'était la seule île des Cyclades, avec Andros et Kéa, dont un village, Driopida, plus au sud que Chôra, avait des maisons couvertes de tuiles (*Fig. 47*). Les habitants de Driopida étaient en opposition permanente avec les Messarites, au point qu'ils refusaient de nous donner des antiquités de second ordre, qu'ils conservaient sous l'estrade de la salle de classe, et donc que personne ne voyait, parce qu'ils voulaient un musée à eux. En tout cas, une année (je ne sais pas si c'est toujours le cas), trois calendriers différents circulèrent à Kythnos, pour la nouvelle année –celui de Messaria, celui de Driopida et celui de Mérichas– comme si c'était une grande île avec de nombreux bourgs habités. Je me souviens encore que pour passer la soirée, au printemps ou en automne, on allait dans les cafés-tavernes du port et qu'on regardait, qu'on le veuille ou non, la *Guerre inconnue*, une série dramatique du maître Foscolos, en compagnie de tous les habitants du coin, qui tremblaient chaque soir devant la télévision en noir et blanc sur le sort du charmant jeune premier, l'officier Vartani, dans la vie Angelos Antônopoulos.

*Fig. 47*– Driopida de Kythnos.

## Kéa

Kéa, connue aussi sous le nom de Tzia, est l'île la plus proche de l'Attique. Aujourd'hui les bateaux partent uniquement de Lavrio (Laurion), sans détour par le Pirée ; cela signifie qu'il n'y a pas de communications avec les autres Cyclades, mais seulement et essentiellement avec l'Attique. Ce devait aussi être le cas dans l'Antiquité si l'on en juge par les sculptures assez nombreuses qui ont des liens avec des ateliers attiques plutôt qu'avec ceux des Cyclades. Malgré sa localisation et ses traits cycladiques, l'île présente des toits en tuiles, surtout à la Chôra, qui est loin de la mer et sur une hauteur.

Auparavant le bateau de ligne des Cyclades Ouest s'arrêtait d'abord à Korésia de Kéa avant de continuer vers le sud ; l'annonce du parcours quotidien à la radio citait : Kéa, Kythnos, Sériphos, Siphnos, Milos (s'intercalait Kimolos, comme je l'ai dit). Il semble cependant que pour atteindre Kéa le bateau faisait un détour ; les liaisons par le Laurion devinrent dès lors plus fréquentes (elles existaient en plus de celle qui partait du Pirée), mais les bateaux qui faisaient Laurion-Kéa étaient des sortes de grands caïques, et on ne rigole pas avec le détroit entre Kéa et l'Attique. Petit à petit les trajets depuis le Pirée s'espacèrent aussi, et ils prirent fin avec la domination des ferry-boats.

Je suis venue à Kéa pour la première fois avant mon entrée au Service, avec une sortie de l'université et une folle envie d'aventures.

Nous logions à la Chôra, l'ancienne Ioulis (Kéa avait quatre grandes cités : Ioulis, Korésia, Karthaia, Poiessa) et à partir de là nous avons commencé les balades. C'était l'été et on nous dit qu'il fallait commencer tôt, avant le lever du soleil, pour que la chaleur ne nous accable pas, car les Cyclades ne sont pas réputées pour leur végétation. Nous décidons pour la première et principale excursion, d'aller à Karthaia où il y a un site archéologique important avec des temples d'Apollon et d'Athéna, ainsi qu'un petit théâtre au sud-est de l'île, loin d'une zone habitée. Plus près (c'est pourquoi nous l'avions laissé pour plus tard), il y avait le célèbre site préhistorique d'Hagia Irini, au nord du port, près de Vourkari, le village le plus pittoresque de l'île, et l'un des plus beaux des Cyclades, avant qu'il ne devienne lui aussi une station de luxe, comme c'est le cas aujourd'hui avec marinas, bars, clubs... Nous avions lu qu'à Karthaia, la mer était superbe, nous prendrions donc un bain. Nous partons avant le lever du soleil, à quatre heures du matin, avec notre collation et nos maillots, ayant pour guide un paysan du coin, car ce n'était pas facile, même pour les locaux, quand ils étaient d'un autre coin de l'île, d'aller à Karthaia sans guide. En fait au bout de quatre heures de marche, littéralement par monts et par vaux (nous ne sommes pas comme les paysans qui avalent les distances), nous arrivons au site archéologique dans un endroit magnifique avec une mer « à boire au verre ». Nous regardons les ruines, nous nous baignons tout heureuses et nous finissons affamées (nous n'étions que des filles en dehors du guide) sur la plage pour manger ce que nous avions emporté, essentiellement du fromage et du jambon ; nous buvons notre eau, comme si on allait trouver au prochain tournant des sources qui murmurent, fraîches et belles, comme on dit. Nous nous préparons à revenir vers 11 h, parce que deux des filles voulaient prendre le bateau de 4 h de l'après-midi. Une demi-heure après, nous nous apercevons que nous n'avons plus une goutte d'eau, et qu'il n'y a aucune chance d'en trouver avant au moins une heure ; et nous comprenons que le fromage et le jambon que nous avions avalés étaient ce qu'il y avait de pire pour la soif. Le guide avait une bouteille d'eau pour lui, mais à qui en donner en priorité ? Moi je résiste à tout sauf à la soif. Nous commençons à faire des faux pas, une des amies, malgré son conservatisme et la présence du guide, enleva son chemisier pour se rafraîchir un peu (c'était encore certainement pire d'être nu, mais qui pouvait y penser !), une autre était prête à s'évanouir, et les autres au bord de l'insolation. Notre pauvre diable de guide, un jeune homme lui aussi, ne sachant que faire face à une telle situation, fut pris de peur, nous colla sous un arbre, plutôt un buisson, et courut à la recherche d'un seau d'eau qui pouvait se trouver dans les champs. Tout endroit où il y a des animaux dispose de seaux cachés avec de l'eau ; il nous en apporta deux (les animaux devaient être morts de soif jusqu'au soir, quand le propriétaire est venu les abreuver), et il commença à nous rafraîchir pour que nous retrouvions nos esprits. Cela nous a aidées, nous avons réussi à bouger et à progresser jusqu'à ce que nous trouvions un abreuvoir pour les bêtes : nous y avons plongé la tête (sans nous soucier si l'eau était propre ou sale), pendant que le guide est allé jusqu'à une maison qui se trouvait à proximité et nous a rapporté des cruches d'eau que nous avons descendues sans reprendre notre souffle, surtout moi ; on m'a dit qu'il me sortait de l'écume de la bouche. Pour rejoindre la Chôra on mit finalement six heures et il nous fallut un jour complet pour nous remettre.

Naturellement par la suite, comme *Épimélétria* (conservatrice) des Antiquités dans les Cyclades, j'allais souvent à Kéa, car N. Zaphiropoulos y aménageait un musée et nous préparions l'exposition avec les admirables trouvailles de la Kéa préhistorique, que fouillait l'éminent archéologue américain J. Caskey, un vrai philhellène et un homme remarquable, sans pour autant pouvoir l'achever, car l'île fut détachée des Cyclades, comme Amorgos : Kéa est passé sous l'administration de l'Acropole et Amorgos sous celle du Dodécanèse, mais elles sont récemment revenues dans les Cyclades. Je suis retournée à Karthaia d'autres fois pour différents travaux, mais j'attendais le moment de pouvoir passer en caïque par la mer, ou à dos de bête pour la plus grande partie du trajet, puis à pied. Mais toujours avec de l'eau et sans collation salée.

*Fig. 48*– Pholégandros, Chôra (1967).

# SUR LA LIGNE IRRÉGULIÈRE

## Pholégandros

Les petites îles de cette ligne maritime irrégulièrement desservie, en dehors des petites Cyclades au sud et sud-est de Naxos, appartiennent à l'Égée du Sud : Sikinos, Pholégandros, Anafi.

À la fin du mois d'avril 1967, nous partîmes avec l'inoubliable Julie Vocotopoulou, qui s'est distinguée comme Éphore des antiquités à Ioannina et à Thessalonique. Julie, qui avait travaillé dans les Cyclades comme assistante scientifique, les portait toujours dans son cœur et, quoiqu'elle fût alors en poste à Ioannina, je pense, quand elle apprit que j'avais prévu d'aller à Pholégandros pour raison de service demanda à y aller avec moi pour connaître l'île (c'était avant le 21 avril). À cause du putsch, nous ne savions que faire, mais finalement nous n'avons pas reporté notre voyage. Nous arrivâmes dans l'île, où nous nous trouvâmes, sans le savoir, «dans l'œil du cyclone». C'est-à-dire que le jour où nous avons débarqué, se trouvait être la veille de l'arrivée de tous les politiques déportés que la junte avait expédiés, des stades où elle les avait parqués, pour les envoyer en exil dans des petites îles perdues quelque part en Égée.

À la Chôra, un lieu enchanteur avec une architecture populaire remarquable (*Fig. 48*), nous avons trouvé une chambre pour deux dans un quartier dont l'artère principale est appelée loggia et ressemble à un incroyable décor, suspendue à proprement parler au-dessus de la mer, qui étincelle au fond avec ses rochers d'or rouge; plus exactement, c'est la gendarmerie qui nous a procuré cette chambre –nous étions les seules qu'ils n'attendaient pas–, quand nous sommes allées leur dire que nous étions des archéologues en service. Inutile de dire qu'il n'y avait pas d'hôtel ou équivalent, ni au port, ni à Karavostasis, mais pas non plus à la Chôra qui se trouvait sur une hauteur rocheuse, loin du port.

À la tombée du jour, je ne sais avec quel bateau de ligne ou affrété spécialement, commencèrent à arriver à la Chôra les exilés, accompagnés chacun par deux (?) gendarmes; je dis deux parce que je me souviens que l'île se remplit et que le pauvre Chef local était perdu et disait et répétait que les gardes accompagnateurs étaient deux fois plus nombreux que les exilés, – et où les mettrait-il et où trouverait-il de quoi les nourrir? Quant à nous, avec le recul, je ne sais pas si nous comprenions très bien les moments que nous vivions et ce qui se passait autour de nous. Au début, il nous parut curieux de voir des personnalités qui avaient d'une certaine façon réglé notre vie jusque là et qui étaient des hommes politiques actifs, comme Mavros, Zigdis et d'autres, hors de leur élément et, je m'en rends compte aujourd'hui, malheureux; comment aurions-nous pu alors nous imaginer que l'endroit que nous trouvions si beau était pour eux un enfer. Tout ce à quoi nous pensions, est qu'ils étaient loin des leurs, qui devaient s'angoisser sur leur sort. Nous nous sommes donc mises à prendre des messages pour les donner là où ils nous le diraient, puisque dans un ou deux-trois jours, dès que nous aurions terminé, nous partirions.

Mais cette idée («que ce serait facile») s'est révélée une utopie, parce que nous vîmes que nous étions nous aussi sous étroite surveillance, comme tous les habitants de la Chôra: dès le premier soir de leur arrivée, nous sortons pour aller aux toilettes, qui, évidemment, étaient hors de la maison et nous voyons qu'un garde nous suivait comme une ombre, c'est tout juste s'il ne pénétrait pas avec nous dans les toilettes. Pourtant finalement, avec l'aide des habitants, nous réussîmes à recueillir des messages que nous avons fait passer aux familles des détenus quand nous sommes rentrées à Athènes. Le plus drôle dans cette surveillance advint quand nous sommes montées au Kastro, au sommet du rocher, dans l'église où se trouvaient remployées des antiquités et en particulier une colonne inscrite –ou un pilier, je ne me souviens plus très bien– comme base de l'Autel. Il fallait que nous cataloguions les antiquités et que nous lisions les inscriptions. Le garde qui nous accompagnait se montrait au début curieux, mais rapidement il se lassa; il avait son talkie-walkie ouvert et discutait avec ses collègues qui lui demandaient quand il terminait et quand nous rentrerions; celui-ci nous interrogeait et nous répondions ce qui nous passait par la tête, afin de ne pas perdre de temps et finalement les échanges avec ses collègues étaient de cet ordre: « on y est presque, on y est presque, il ne nous reste que quelques lignes, mais du calme, c'est difficile de lire, les lettres sont à moitié effacées, je voudrais t'y voir toi, ... (jurons) ». Puis, on a terminé et on est parties.

Par la suite, je suis retournée d'autres fois à Pholégandros, quand elle obtint un gardien, j'ai parcouru l'île pour la connaître, mais cette première fois, je ne pense pas qu'il soit possible de l'oublier. Nous sommes parties par Ios, en nous croyant sur une autre planète, et comme si nous avions vécu un rêve bizarre. Un peu plus tard nous avons compris que c'était un mauvais rêve.

Une chose m'a aussi beaucoup émue à Pholégandros: dans le cimetière actuel de la ville, les tombes étaient en général des chambres construites. L'une d'entre elles appartenait, hélas, à une jeune femme qui en quittant ce monde avait laissé derrière elle un mari aimant, qui avait dessiné ou plutôt peint, à la façon du Fayoum[1], le portrait de sa femme bien aimée avec une épigramme et, à l'extérieur, au-dessus de l'entrée, il avait placé une jolie protomé antique en marbre, à côté de la croix.

---

1. Le Fayoum est une région de l'ancienne Égypte où l'on a retrouvé des portraits funéraires peints d'une remarquable qualité.

## Sikinos

À Sikinos, je me suis retrouvée un peu plus tard lors du contrôle des travaux à Épiscopi sur un monument antique, un *herôon*, qui fut conservé entièrement jusqu'à aujourd'hui parce qu'il fut réutilisé par le culte chrétien. Pour parvenir à Épiscopi, au sud de l'île, il n'y avait qu'un chemin qui suivait exactement la crête de l'énorme rocher constituant tout Sikinos qui semble jaillir de la mer. Les sensations que me procurait cette course chaque matin de la Chôra, du Kastro jusqu'à Episcopi, avec retour le soir, étaient quelque chose d'incomparable que je conserve encore par devers moi. Comme je voyageais à dos d'animal, en général d'un mulet, j'avais l'impression de me promener sur le dos de l'Égée, qui se trouvait à mes pieds, puisque naturellement je me trouvais très haut et je pouvais distinguer les moutonnements lorsque Poséidon commençait ses mauvais tours.

Le village de Sikinos est plus étendu que celui de Pholégandros et il est plus familier, et peut-être plus charmant, mais il n'en reste pas moins un des plus beaux exemples de village cycladique.

## Anaphi

J'ai vu pour la première fois Anaphi depuis l'Antique Théra, où le théâtre antique s'ouvre à l'est sur Anaphi, qui, dans l'après-midi, émerge tel un nuage rose de l'immensité de la mer, surtout après les premières pluies et pendant les journées d'hiver où le ciel est pur. Je me souviens de notre professeur, Kontoléon, qui nous disait que celui qui ne s'assoit pas dans le théâtre de Théra pour contempler de là-haut la vue de la mer Égée perd quelque chose d'important dans sa vie.

Je suis allée à Anaphi pour la première fois avec un caïque depuis Kamari de Théra et je suis tombée sur une fête de village (panégyrie) avec des instruments de musique et des chansons, essentiellement par des musiciens naxiens qui jouaient toute la nuit sur la place du village, sans s'arrêter. Les Anaphiôtes, alors, et encore en partie aujourd'hui, étaient des insulaires tout simples, purs, qui vivaient aux marges de Théra, d'où ils tiraient toutes leurs provisions et qui était plus ou moins leur terre promise, comme c'était aussi le cas pour les habitants de Thérasia. C'était bien naturel car le bateau de la ligne irrégulière passait une fois par semaine, et si le temps le permettait.

S'il en juge par la situation actuelle de l'île, coupée du monde et sur la ligne irrégulière, le visiteur est frappé par les monuments antiques, qui témoignent d'une cité prospère, qui avait peu à envier à Théra à l'époque hellénistique et romaine (IIIe siècle av.-IIIe/IVe siècles apr. J.-C.). Aujourd'hui il y a un musée pour abriter les antiquités. Lorsque j'y vins pour la première fois et que je montai depuis la côte orientale, depuis les Katalymakia (restes d'établissements antiques et médiévaux sur le port de l'ancienne cité qui était plus haut à Kastéli) jusqu'au Kastro, en coupant à travers des versants rocheux presque à la verticale, j'arrivai dans un cimetière bien organisé ; on se serait cru au Céramique d'Athènes, avec des tombes construites, des périboles, des *dromoi*… à peu près comme dans le cimetière de l'antique Sellada à Théra ; je n'en croyais pas mes yeux. De surcroît, la situation du cimetière lui donnait un air hors du monde, puisqu'il se trouvait entre ciel et terre, à moitié détruit mais gardant sa forme et, le plus important, avec des statues en marbre d'hommes et de femmes dispersées sur les versants environnants ; elles devaient avoir été dressées sur les tombes et, avec le temps, elles étaient tombées en roulant sur la pente et étaient restées couchées parmi les buissons ; très récemment l'Éphorie a réussi, au prix d'efforts surhumains, à les ramener à la Chôra et à les exposer dans le nouveau musée.

Un autre endroit étonnant d'Anaphi est une langue de terre au sud avec le monastère de la Kalamiôtissa, construit au-dessus du temple d'Apollon Aiglitis ou Anaphaios, dont sont conservées non seulement les fondations mais, en certains endroits, une élévation importante. Le trajet depuis la cité d'Anaphi jusque-là par des chemins longeant des gouffres profonds durait plus d'une heure – je ne sais plus bien – et l'arrivée au monastère si accueillant avec de l'eau fraîche et un *glyko tou koutaliou* procurait un ravissement qui réjouissait le cœur.

*Fig. 49*– Thérasia, les vignes.

## Thérasia

Thérasia est une autre île perdue de la mer Égée, où ne faisait escale, pour dire vrai, ni bateau, ni barque. Thérasia est devenue une île après le grand séisme qui a disloqué Théra dans sa partie ouest en formant la caldera. Lorsque nous y sommes allés, à la fin des années soixante, la beauté du lieu ne pouvait effacer la mélancolie diffuse qui émanait du village ; et cela parce que presque tous les adultes, en dehors des vieillards, étaient partis travailler en Allemagne, laissant leurs enfants aux grands-parents. C'était un spectacle bouleversant que ces vieillards avec les petits en ce lieu isolé, où ils ne faisaient qu'attendre le postier et tout autre signe de vie depuis Théra, l'île d'en face, mais si lointaine, qui était tout leur univers. J'imagine que notre visite ce jour-là a dû alimenter les conversations pendant longtemps, car ils cherchaient à nous retenir le plus possible. Pour cette première fois nous nous sommes contentés d'une simple reconnaissance des lieux, car nous ne voulions pas les quitter. Nous sommes allés à l'ouest, au nord-ouest, où les étendues de vigne offraient un spectacle tout à fait exceptionnel, que je voyais pour la première fois et qui est caractéristique de Santorin. C'est-à-dire que chaque cep, sans doute à cause de la force des vents, on ne le laisse pas se développer en hauteur, mais lorsqu'apparaissent les pousses au printemps, on les enroule sur le sol autour de la racine principale, en sorte qu'elles forment une grande corbeille qui protège du vent le fruit et la plante. Nous vîmes cela en hiver à Thérasia, alors qu'elles n'étaient pas encore émondées, les tiges étaient sèches et donnaient en fait l'impression de corbeilles distribuées de loin en loin sur le champ immense, qui se développait devant nous, comme une peinture (*Fig. 49*) : les corbeilles sèches laissées sur le sol sec, un champ sans arbre mais chatoyant, dont l'horizon se perdait sur la ligne du ciel et de la mer.

## Christiana

Les Christiana sont deux autres îlots au sud de Théra, sans habitants aujourd'hui, alors que quelques millénaires auparavant elles jouissaient d'une population et d'une économie florissantes, à en juger par la qualité des offrandes funéraires. Notre tour là-bas avec un bateau privé et une randonnée d'une journée nous a permis de localiser des sites antiques, mais aussi de faire sortir une foule de lapins de garenne que les gardiens qui étaient avec nous prenaient à la main parce que les pauvres, comme ils ne vivaient pas dans un lieu habité, ne savaient pas se protéger. Nombre d'entre eux leur échappèrent à cause de mon intervention « philozôïque »[2].

2. Le mot est formé sur « philanthropique », *zôa* désignant les animaux.

## Amorgos

Amorgos est la plus orientale des Cyclades, à la frontière des îles grecques et des côtes micrasiatiques. L'accès n'en est pas si facile, mais le voyage, qui dure maintenant encore plusieurs heures, en vaut la peine. L'île est aujourd'hui très rocheuse et déboisée, alors que dans l'Antiquité, et peut-être aussi au XIXe siècle, il y avait encore une végétation dense et que des forêts y sont signalées, qui ont brûlé à la suite d'incendies. Cette île étroite et allongée a trois villages, à Katapola, le port, à la Chôra en haut loin de la mer et à la pointe nord-ouest à Aigialè, un petit hameau de pêcheurs au bord de la mer, en bas des pentes qui fermaient l'espace comme un amphithéâtre. La Chôra était en fait un petit bourg, très pittoresque avec un caractère traditionnel et très familier (*Fig. 50, 4, 6-7*).

Malgré son éloignement, Amorgos avait obtenu un gardien, très tôt par rapport aux autres îles, l'excellent Manôlis Despotidis, qui, comme tous les insulaires, et particulièrement les Amorgiens, se sacrifiait pour son île. Je me souviens de nos excursions, moi quelquefois sur le mulet, et lui toujours à pied dans les rochers et les «langadia»[3], avec des arrêts dans des maisons amies dans la campagne, où, en dehors de l'accueil amical avec des produits de la terre amorgienne et de la conversation arrosée d'un vin «qui fait du bien», nous obtenions des renseignements sur les antiquités du pays. De façon étonnante, je n'avais pas l'impression d'avoir affaire à de simples villageois, des paysans, certains presque illettrés, mais à des hommes qui avaient conscience de leur tradition et même de leur histoire (telle qu'ils l'entendaient), si bien que la conversation avec eux était un plaisir plein de sens et d'intérêt.

La sortie la plus fatigante était aux deux bouts de l'île, au nord à Aigialé, avec ses chemins accidentés et étroits, en bien des endroits à pic au-dessus de la mer, et au sud à Arkésiné où se trouvaient les ruines d'une importante cité antique et plus bas dans la région de l'actuelle Kolophana. Une fois que nous y sommes allés, quatre heures de marche à pied, je commis l'imprudence de revenir à dos d'animal. Le parcours était si mauvais que le bât me blessait et il fallut une semaine pour que je m'assoie normalement et que je marche correctement.

Il y avait alors une petite collection d'antiquités sur le port, à Katapola, pour quelques objets à la Chôra. Alors que nous cherchions à les réunir en un seul lieu et en faire une seule collection, une guerre éclata entre les gens de la Chôra et ceux de Katapola pour savoir où serait le musée, comme s'il s'agissait de mondes séparés. Finalement on trouva une solution en obtenant un bâtiment à la Chôra, où un peu plus tard l'archéologue Lila Marangou, originaire d'Amorgos, a organisé l'exposition (entre-temps Amorgos quitta la juridiction de l'Éphorie des Cyclades

---

3. *Languadi* désigne les vallons le long des torrents.

pour celle du Dodécanèse ; maintenant, comme je l'ai dit, elle est repassée sous la juridiction de l'Éphorie des Cyclades, ce qui n'a rien changé). J'imagine que la présence d'une archéologue, compatriote, qui réside dans l'île et s'en occupe avec amour, a pu jouer un rôle. En tout cas l'hôpital qui devait être construit à Amorgos, ne le fut pas à cause du conflit entre Katapola et Chôra.

Des disputes sur l'endroit où seraient dressé le musée et déposées les antiquités éclatèrent aussi à Andros, en sorte que je vécus une autre aventure.

*Fig. 50*– Amorgos 4, 6 : La Chôra ;
5 : petite église à trois nefs dans la campagne d'Amorgos ;
7 : vue d'une partie de la Chôra avec sa campagne.

## Andros

Je me suis rendue pour la première fois à Andros au début des années soixante, lorsque le bateau passait encore par la Chôra, la très belle ville de l'île, qui était le port régulier, au nord de deux petites échelles, Batsi n'étant alors qu'un joli village de pêcheurs et non un lieu de villégiature avec des immeubles, des clubs, et quand Gavrio n'offrait que deux ou trois tavernes et quelques maisons isolées et qui n'avait rien à voir avec le port bruyant d'aujourd'hui – où l'on n'avait pas encore entendu le mot de ferry-boat. C'est à cette époque que Kontoléon, alors professeur à l'Université d'Athènes (auparavant il avait été Éphore des Cyclades), et Zaphiropoulos, Éphore des Cyclades, avaient entrepris conjointement une fouille à Zagora, un site sur la côte ouest, dans la partie sud, sur un plateau rocheux au-dessus de la mer, où avait été découverte une importante cité antique du VIIIe siècle av. J-C. Pour atteindre Zagora depuis la Chôra, il fallait une heure à une heure et demie de marche par des chemins à chèvres que les habitants de la ville ne pouvaient, à mon avis, guère pratiquer facilement.

En dehors de Zagora, toujours sur la côte ouest, mais plus au nord étaient préservés les vestiges de la cité de l'époque classique sur une vaste surface et avec certains bâtiments bien conservés au-dessus des fondations (Kontoléon y fit là aussi des fouilles). Les trouvailles, essentiellement de marbre, n'étaient pas nombreuses (une grande statue d'Hermès avait été envoyée au Musée archéologique national à Athènes, car il n'y avait pas de musée sur place) et elles étaient conservées dans une petite remise d'une maison de Palaiopolis, qui n'avait pas toujours de bons rapports avec la Chôra. Les Palaiopolitains considéraient que, vivant à proximité du site antique, c'était à eux que revenait la priorité, et non aux gens de la Chôra, siège des riches et des armateurs. Palaiopolis, comme la cité antique, est construite sur un versant aujourd'hui recouvert par la végétation, qui va jusqu'à la mer avec un port abrité, raison essentielle, j'imagine, du choix de ce lieu par les Anciens. Au-dessus est suspendue la montagne impressionnante avec le rempart antique qui grimpe jusqu'en haut.

À la fin des années soixante-dix, la famille de Vasilis Goulandris, originaire d'Andros, a fondé et organisé un petit musée d'art moderne et, ensuite (au début des années quatre-vingts), a voulu financer un grand musée archéologique à la Chôra, en raison de l'abondance et de l'importance des trouvailles, surtout céramiques, de Zagora. Dans l'un des trois étages, on avait prévu une exposition de sculptures, puisque l'Hermès était revenu d'Athènes. Mais, comme je l'ai dit, l'essentiel des sculptures provenaient de Palaiopolis et était conservé là, en bas, dans une petite remise. Quand vint l'heure du transfert, nous sommes allés avec des ouvriers et un technicien du Musée national, spécialiste des marbres, Michalis Kallergis, qui était venu exprès pour exposer les sculptures. Nous voulions commencer le transport très difficile parce que la remise se trouvait bien en contrebas de la route et il fallait que l'on prenne à la main la plupart des morceaux de sculpture, naturellement très lourds et pouvant se casser en cas de chute. Nous avions commencé l'emballage, quand nous entendons du vacarme, des cris, un bruit terrible qui se rapprochait. Nous sortons et nous voyons avec surprise trente à quarante individus, tous Palaiopolitains, hommes et femmes, qui descendaient en courant ou plutôt dévalaient la pente en tenant des casseroles, des bidons et tout ce qui pouvait faire du bruit en les tapant frénétiquement (les casseroles avec leur couvercle) tout en hurlant: « les antiquités ne partent pas, elles sont d'ici et elles y resteront». Je vais pour leur parler, mais Kallergis me tire et murmure: « partons ou nous allons écoper ! » Effectivement il n'avait pas tort, car tous les regards étaient menaçants. Que faire ? Nous ramassons nos affaires et nous partons dans le bruit et la fureur. Nous arrivons à la Chôra en plein désespoir car l'inauguration était fixée et que l'on avait invité des officiels aussi bien étrangers que grecs et une foule de gens. Les téléphones se mettent à sonner, les échanges désespérés se multiplient dans toutes les directions, jusqu'au bureau de Karamanlis, alors Président de la République. Il fallut l'intervention de la famille andrienne de Palaiokrassas, alors ministre, pour convaincre les Palaiochoritains ; finalement ceux qui poussaient des cris aidèrent au transport ! Kallergis et moi nous n'en croyions pas nos yeux. L'inauguration eut lieu à l'heure. Il m'est resté en tête la « dégringolade » du versant par ces gens qui, en hurlant et en tapant sur leurs casseroles, me rappelaient des scènes d'attaque d'Indiens, comme on en voyait dans les films américains de l'époque.

*Fig. 51* – Lys de Délos.

# CONCLUSION

Il est temps, je crois, de m'arrêter, parce qu'une vie dans l'archipel des Cyclades ne rentre pas facilement dans un livre, qu'il ait quelques pages ou des milliers. Les Cyclades sont un lieu vivant de joie et de création pour qui y vit et le comprend, avec des moments incomparables, même si la modernité et la technologie ont éloigné l'homme des habitudes de vie simples et naturelles.

Je crois cependant pouvoir apporter aux lecteurs sensibles quelques indices pour trouver la beauté là où elle est et où elle nous attend pour nous offrir généreusement le bonheur de l'âme et du corps : un coucher de soleil dans le kastro de Paroikia de Paros ou à Oia de Santorin, une vue sur Anaphi, rose pâle, depuis le théâtre de l'antique Théra l'hiver en fin d'après-midi, à Délos l'odeur des herbes sèches qui réveille les sens lors d'une nuit humide ou d'une aurore, ou encore la chaleur des murs qui vous étreint dans ses rues, la ligne de crête de Sikinos, à Naxos, dans les ruelles du Kastro les matins ensoleillés du printemps ou sur la route d'Apeiranthos au milieu des genêts en fleurs qui diffusent sur des kilomètres leur odeur enivrante, si forte que l'on croit recevoir une caresse de la terre pleine de sucs, à Paros le petit port médiéval de Naoussa, avec un soleil d'hiver dominical, là où les pêcheurs étendent leurs filets, et où un caïque cingle sous le *meltem* d'août sur la mer étincelante, la procession de l'icône de la Panaghia le jour de sa fête, à côté des embarcations arborant des drapeaux et les pélerins leurs bijoux, à Siphnos les vêpres de la Chrysopigi, la Résurrection à la fin de la liturgie pascale à Myconos, le service funéraire des chers disparus sur la petite place devant la Panachra, avec les mets et le *krasi* 'de chez eux', un lys qui jaillit brusquement d'une terre sèche (*Fig.51*), sableuse ou pleine de pierres les beaux jours de juillet, un 'crocodili' qui vous regarde avec ses yeux tout ronds levant plein de curiosité sa tête derrière un marbre antique (*Fig.52*), dans la chaleur d'un midi brûlant à Délos.

*Fig.52* – Un *crocodili* (lézard) à Délos.

# Glossaire des termes grecs

*Archaiorogos*: forme dialectale pour archéologue (*archaiologos*). Le terme est employé dans le texte de façon humoristique, pour montrer que les voleurs d'antiquité se considèrent comme des professionnels de l'archéologie.

*Barquarizô*: dans un bateau, une petite ouverture de secours pour les paquets.

*Briam*: mets oriental préparé avec des aubergines, des courgettes, des pommes de terre, des poivrons et des tomates.

*Caldera*: mot d'origine espagnole; désigne ici la grande cuvette, ou plutôt le grand entonnoir qui s'est formé après l'effondrement d'une partie de Théra provoqué par l'explosion du volcan, dans la deuxième moitié du XVIIe s. av. J.-C.

*Chansons acritiques du Moyen-Âge*: cantilènes épiques célébrant les exploits des héros de la frontière, les Acrites.

*Chôra* (La): traduit éventuellement par 'capitale', le mot désigne le centre le plus important d'une région, surtout dans les Cyclades.

*'Crocodili'*: nom donné à une race de gros lézards à Délos.

*Éphore des antiquités*: directeur d'une circonscription archéologique.

*Épimélète des antiquités* (*épimélétria* au féminin): fonctionnaire du Service archéologique grec, assistant de l'Éphore des antiquités.

*Fosse de la purification à Rhénée*: D. Stavropoulos a découvert en 1898 la fosse où en 426 les Athéniens avaient rassemblé le contenu des tombes qu'ils avaient transférées de Délos. K. Rhomaios, professeur d'archéologie, fut chargé de l'étude des trouvailles qui aboutit à un mémoire en 1929. Puis, en collaboration avec Ch. Dugas, membre de l'École française d'Athènes (Efa), il publia les vases préhelléniques et géométriques.

*Galaktoboureko*: gâteau à base de crème faite avec une fine semoule entre deux pâtes feuilletées, qui se mange légèrement chaud.

*Glyko tou koutaliou*: fruits au sirop, faits maison, que l'on offre avec le café et un verre d'eau, notamment à l'arrivée d'un hôte.

*Gopa*: bogue, poisson des côtes rocheuses, abondant en Grèce.

*Kaloupi*: serait une contraction populaire de «kalumauchi papa» qui désigne le chapeau des popes.

*Karaghiozis*: théâtre de marionnettes d'origine turque (XVIe siècle) adopté et adapté par le peuple grec qui s'amuse des aventures du héros malin (*karagözi / karaghiozis* = 'homme aux yeux noirs') et de personnages stéréotypés : le vizir, Alexandre le grand.

*Karavila*: mauvaise odeur à l'intérieur d'une cabine de bateau mal aérée.

*Katapoliani*: nom abrégé pour l'église de la *Panaghia* (Sainte Vierge) *Hécatontapyliani*, la « Toute sainte aux cent portes » ; basilique byzantine construite dès le VIe siècle avec de nombreux fragments architecturaux antiques provenant des édifices ruinés de la Paros antique.

*Kephalotiri*: fromage local, qui a un goût légèrement salé.

*Kotsakia*: petits vers que les Naxiens composent et qu'ils disent avoir conçus dans leur tête à partir d'un événement vécu.

*Loukoumadès*: beignets dans un sirop de miel.

*Louza*: filet de porc, spécialité de Tinos et de Myconos.

*Mézé*: 'amuse-gueule' variés qui accompagnent l'apéritif (ouzo, raki ou tsipouro).

*Mitatos*: nous traduisons par 'buron' car il s'agit dans les deux cas de laiterie de montagne.

*Paréa*: 'bande' d'amis ; la *paréa* est un élément essentiel de la vie sociale grecque.

*Patsa*: soupe de tripes.

*Paximadia*: une sorte de pâte très cuite et dure que l'on mange sèche ou trempée dans un liquide (lait, thé, vin...) pour l'imprégner de l'arôme et qu'elle devienne plus savoureuse. Le *paximadi* que l'on couvre d'huile pour l'amollir et que l'on mange avec des tomates et du fromage, est une spécialité insulaire et surtout crétoise (appelée *takos*), devenue très populaire dans les restaurants, accompagnant l'apéritif.

*Peponi*: melon.

*Pitharia*: du grec ancien ***pithos***, désigne de grands récipients de terre cuite où les paysans conservaient leur production d'huile, de vin.

*Protomé*: une protomé est un type statuaire antique réduit à la face d'une statue prolongée jusqu'au cou.

*21 Avril*: date de la prise du pouvoir par la junte (1967-1974) qui procéda à de nombreux emprisonnements dans les îles et à une vague de destitution des opposants politiques.

*Zembili*: terme turc désignant un large panier servant pour des travaux campagnards, fait de nattes, puis en caoutchouc, fabriqué avec des pneus récupérés. Il est aussi employé dans la construction.

# Index des personnes citées

*Antônopoulos Angelos* (né en 1932) : acteur très populaire, jouant les premiers rôles à la télévision dans une série entre 1964/5 et 1974/5.

*Callas Maria* (1923-1977) : a bouleversé l'art lyrique par sa voix extraordinaire et son jeu d'actrice. Elle a épousé en premières noces un industriel italien Giovanni Battista Meneghini (1949), puis le quitta pour Aristote Onassis (1959).

*Caskey John* (1908-1981) : directeur de l'École américaine d'études classiques à Athènes. Spécialiste des hautes époques, il a travaillé à Troie, à Lerne (Argolide) et a fouillé le site référence d'Hagia Irini à Kea.

*Dékoulakou Iphigénie* (1936-) : née à Athènes, où elle fit ses études universitaires, a passé deux ans à Paris ; elle fut un temps assistante dans les Cyclades. En 1970, elle entre au Service archéologique comme Épimélète des antiquités en Achaïe (Patras), puis en Attique orientale. En Achaïe, elle effectua de nombreuses fouilles dont celle d'un grand monument funéraire, sujet de sa thèse. Elle a découvert le sanctuaire des dieux égyptiens de Marathon.

*Despinis Giorgos* (1936-2014) : né à Tinos, a exercé comme Épimélète à l'éphorie de Salonique, organisant l'exposition des antiquités du Musée de la ville, puis comme professeur à l'université de Thessalonique. Remarquable spécialiste de sculpture grecque, à laquelle il a consacré de nombreuses publications. Il jouit d'une renommée internationale.

*Doumas Christos* (1933-) : diplômé à Athènes, il a continué ses études à Londres (1966-1968) ; de 1960 à 1980 il exerça comme Épimélète des antiquités à l'éphorie de l'Acropole et dans les Cyclades, puis comme Éphore dans le Dodécanèse. Avant ce dernier poste, il fut directeur du Service archéologique au ministère de la Culture. Spécialiste reconnu des hautes périodes, il a enseigné à l'université d'Athènes ; il a repris la fouille d'Acrotiri à Théra sur laquelle il a beaucoup écrit.

*Dugas Charles* (1885-1997) : professeur d'archéologie à Montpellier et à Lyon, cf. Glossaire, *Fosse de la purification*.

*Étzeoglou Rodoniki* (1937-) née au Pirée, diplômée de l'université d'Athènes, a travaillé comme assistante à Thèbes et dans les Cyclades (Théra, Kouphonissi, Donoussa, Ikaria) jusqu'en 1970, date de sa nomination comme Épimélète du Service archéologique. Elle a exercé dans le Péloponnèse à Mistra, Corinthe, Patras, puis a été nommée Éphore des Collections privées. En 1979-1982, elle est revenue en France grâce à des bourses pour préparer un DEA à la Sorbonne. Elle a soutenu une thèse à Athènes. Elle a écrit beaucoup d'articles sur les monuments byzantins de Malvoisie, de Mistra et du Magne dont elle a aussi assuré la restauration.

*Eupalinos*: ingénieur grec connu notamment pour avoir tracé le tunnel (1036m) qui apportait l'eau à Samos (550-530 av. J.-C.).

*Foskolos Nikos* (1927-2013): réalisateur et scénariste grec populaire; sa *Guerre inconnue* a connu un succès particulier.

*Glézos Manôlis* (1922-2020): c'est une grande figure de la gauche grecque, originaire d'Apeiranthos à Naxos. Connu pour sa résistance à l'occupant italien et allemand pendant la deuxième guerre mondiale (en 1941 il déroba avec A. Santas le drapeau nazi qui flottait sur l'Acropole d'Athènes). Il fut arrêté ensuite plusieurs fois, notamment sous la Junte. Député du Pasok en 1981 et 1985, député européen en 1984. Passe au parti Syriza puis le quitte en 2015.

*Halepas Yannoulis* (1851-1938): sculpteur grec formé à Munich. On visite sa maison à Pyrgos de Tinos. On lui doit des œuvres remarquables, symboliques, qui s'inspirent de l'antique mais avec une puissante originalité.

*Hadzidakis Manos* (1925-1994): grand compositeur et poète dont les Grecs connaissent toute l'œuvre. Il appartient à l'intelligentsia grecque contemporaine et a renouvelé la musique populaire grecque. «Les enfants du Pirée», chantés par Mélina Mercouri dans le film de Jules Dassin, *Jamais le dimanche*, ont fait le tour du monde.

*Iliakis Kôstis* (1935-): fit des études aux Beaux-Arts à Athènes et exerça dans de nombreuses éphories, comme dessinateur et restaurateur de mosaïques.

*Karamanlis Constantin* (1907-1998): figure politique de la Grèce contemporaine, il assuma la transition avec le régime des colonels en 1974, Premier ministre puis Président de la République en 1980 et 1990.

*Karouzos Christos* (1900-1967): devint en 1925 Éphore des antiquités, puis directeur du Musée national en 1942 qu'il a réaménagé après la guerre avec sa femme Semni. Il a reçu de nombreuses distinctions nationales (Académie d'Athènes) et internationales.

*Karouzou Semni* (1898-1994): élève de Tsountas à l'université d'Athènes. Première femme fonctionnaire du Service archéologique, comme Épimélète, puis comme Éphore; co-présidente de la Société archéologique.

Au début de la seconde guerre mondiale (1940-1941), le couple Karouzos avec une équipe de volontaires a caché les trésors du Musée d'Athènes, les sauvant des mains des Nazis pendant l'occupation de la Grèce (1941-1944). Ils ont naturellement procédé à la réinstallation du Musée après la guerre, avec un grand succès.

*Kazantzakis Nikos* (1883-1967): un des plus grands romanciers de langue grecque contemporains; ses romans ont été portés à l'écran.

*Kontoléon Nikolaos* (1910-1975), né à Chios, a fait ses études à l'université d'Athènes. Nommé Épimélète des antiquités à Mykonos en 1933, puis à l'Acropole d'Athènes en 1938. Grâce à une bourse Humbold a passé deux ans en Allemagne (1938-1940), à Cologne et à Munich. En poste à Chios en 1942-1945, puis à Mykonos en 1945, il est nommé Éphore des antiquités en 1946. En 1956, il démissionne du Service archéologique pour exercer comme professeur à Athènes. En 1973, il devient inspecteur général du Service archéologique.

*Lambrakis Grigoris* (1912-1963): eut une carrière d'athlète dans les années trente en faisant parallèlement des études de médecine. Il entra dans la Résistance pendant l'occupation. Il est élu député de la Gauche démocratique unie en 1961. « Renversé volontairement par deux motocyclistes », il meurt à l'hôpital en 1963. Les troubles politiques entraînent le coup d'État de 1967 et le régime des colonels.

*Lembessi Angeliki* : née au Pirée, elle a collaboré avec Zaphiropoulos comme assistante dans les Cyclades et avec les Karouzos au Musée national jusqu'en 1967, date à laquelle elle entre dans le Service archéologique, comme Épimélète, puis comme Éphore en Crète, où elle a dirigé le Musée d'Héracleion. Elle a bénéficié d'une bourse Humbold à Bonn. Spécialiste de la Crète du Ier millénaire, elle a notamment fouillé et publié le sanctuaire de Symi Viannou, en usage de 2000 av. J-C. jusqu'au VIe-VIIe s. apr. J.-C., sur lequel elle a travaillé de 1972 à 2000.

*Mantô* : cf. Mavrogenous Mantô

*Marangou Lila* (1938-) : archéologue grecque originaire de Tinos par son père et d'Amorgos par sa mère, a soutenu une thèse à Tübingen. Elle a exercé comme professeur à l'université de Ioannina et fouillé à Amorgos.

*Marcadé Jean* (1920-2012) : membre de l'École française d'Athènes, enseigna l'archéologie grecque à Bordeaux et à Paris 1 ; on lui doit notamment une thèse sur la sculpture de Délos : *Au musée de Délos, Étude de la sculpture hellénistique en ronde-bosse découverte dans l'île*, Paris (1969).

*Mavrogenous Mantô* (1796-1840) : héroïne de la révolution grecque à Myconos. Elle a sa statue sur la place 'centrale'. Elle combattit à la tête d'une troupe, recrutée sur ses deniers (et reçut le grade honorifique de général).

*Mavros Georges* (1909-1995) : figure du centrisme et du libéralisme grec, gouverneur de la Banque nationale de Grèce, exilé à Yaros par les colonels ; plusieurs fois ministre avant et après la junte.

*Nomikos* : armateur originaire de Théra des plus connus, ami d'A. Onassis.

*Onassis Aristote* (1906-1975) : le plus célèbre armateur grec du XXe siècle, et l'une des personnalités les plus en vue de la jet set. Il vécut un certain temps avec Maria Callas.

*Orlandos Anastasios* (1887-1979) : architecte grec, qui s'est spécialisé dans l'art byzantin qu'il enseigna à l'université d'Athènes, en même temps que l'architecture grecque. Il fut chargé de la restauration de nombreux monuments, comme directeur du Département des restaurations au ministère. Membre de l'Académie d'Athènes et Secrétaire général de la Société archéologique, il a écrit de nombreux ouvrages scientifiques.

*Othon* (1815-1867) : prince de Bavière qui fut mis par les grandes puissances sur le trône de la Grèce en 1833, libérée du joug turc, après la Révolution grecque de 1821.

*Palaiocrassas Jean* (1934-) : né à Andros, ministre des Finances et commissaire à l'Environnement dans la Commission Delors ; le 14 juillet 1992, sa voiture fut attaquée à la roquette au centre d'Athènes. Sa sœur, archéologue, Lydia Palaiocrassa, professeur à Athènes, fouille à Palaiopolis d'Andros où elle a mis au jour la cité byzantine.

*Pippas Démosthène* (1888-1933) : entré au Service archéologique en 1908, en charge de l'Éphorie des Cyclades en 1923.

*Rhomaios Konstantin* (1874-1966) : né à Cynurie (Kynouria) du Péloponnèse a fait ses études à Athènes puis à Munich, Berlin et Bonn (1901-1904). Éphore des antiquités, (1908-1928), il occupa plusieurs postes sur le territoire grec. Directeur du Service archéologique (1922-1925), puis Éphore des antiquités au Musée national (1925-1928). En 1928, il est nommé professeur à Thessalonique, à une chaire qui venait d'être créée. Il entre à l'Académie d'Athènes dont il sera le président. Cf. Glossaire, *Fosse de la purification*.

*Ross Ludwig* (1806-1859) : savant allemand qui fut appelé par le roi Othon pour occuper le poste de directeur de l'archéologie et qui inaugura la chaire d'archéologie à Athènes ; on lui doit un livre scientifique sur les Cyclades en quatre tomes, présenté sous la forme de lettres (*Reisen auf den griechischen Inseln*, 1840-1852).

*Séféris Georges* (1900-1971) : poète grec qui reçut le prix Nobel de littérature en 1973.

*Théodorakis Mikis* (1925-) : compositeur, homme de scène et homme politique, symbole de la gauche grecque jusqu'à la fin des années quatre-vingts. Il entre dans la résistance à l'occupant allemand, qui l'arrête en 1942. Il poursuit son combat pendant la guerre civile. Internationalement reconnu, il révolutionne la musique grecque tout en poursuivant son activité politique (fonde la Jeunesse démocratique Lambrakis). Emprisonné sous la junte des colonels. Toute une jeunesse se reconnaît dans les chansons et œuvres poétiques de Théodorakis.

*Triandis Stelios* (1931-1999) : sculpteur grec qui a fait une œuvre personnelle, mais qui s'est aussi intéressé à la restauration des œuvres antiques (en 1961 il fut nommé au service archéologique). Époux d'Ismène Stypsianou qui occupa plusieurs postes dans le Service archéologique et enseigna à Ioannina.

*Tsakos Constantin* (1938-) : archéologue grec, né à Thessalonique, où il fit ses études, complétées à Munich. Il fit carrière dans les Cyclades (1965-1990), comme Épimélète, et devint le collègue de Ph. Zaphiropoulou, puis fut nommé Éphore des antiquités en Épire, à Olympie et à l'Acropole. Il fouilla beaucoup à Samos, où il découvrit une grande partie de la ville antique et organisa le musée avec ses collègues. Il a consacré une grande partie de son activité à la protection et à la promotion des habitats traditionnels des Cyclades, notamment à Myconos, autour de Ph. Zaphiropoulou.

*Tsountas Christos* (1857-1934) : né à Stenimachos de Thrace, diplômé de l'université d'Athènes, a continué ses études en Allemagne. C'est un des plus grands fouilleurs des antiquités grecques. Nommé Éphore des antiquités, il a commencé sa carrière en surveillant les fouilles sous-marines de Salamine ; puis il a fouillé à Érétrie, à Mycènes, en Béotie et dans le Péloponnèse. Il travailla aussi en Thessalie (1899-1903) mettant au jour les sites préhistoriques de Sesklo et Dimini. Il aura finalement découvert trois civilisations, parmi les plus importantes de l'Antiquité : la civilisation mycénienne, la civilisation cycladique et la civilisation thessalienne. Il ne s'est pas intéressé seulement aux hautes époques, mais aussi à la période classique : son *Histoire de l'art grec antique* (1928) est encore un manuel très utile.

*Vénios Marcos* : peintre contemporain mais aussi employé comme restaurateur par le ministère de la Culture pour intervenir dans différents musées (1962-1990)

*Vocotopoulou Julie* (1939-1995) : Éphore des antiquités à Ioannina et à Thessalonique, grande figure de l'archéologie grecque.

*Zaphiropoulos Nikos* (1912-1996) : né à Rapsani en Thessalie, a fait ses études à l'université d'Athènes. Entré au Service archéologique sur concours en 1942, il fut nommé dans la deuxième Éphorie au Pirée sous la direction de Christos Karouzos. Les débuts de sa carrière furent perturbés par la guerre. Il est nommé en Étolo-Acarnanie et à Olympie en 1945. Séjour en Allemagne en 1953-1955 avec la bourse Humbold. Conformément à ses souhaits, il est nommé dans les Cyclades en 1958 où il exerça jusqu'en 1972 (un passage par la Direction des antiquités au ministère en 1966-1968). Sous sa direction l'archéologie des îles connut un grand développement comme le montrent la création de onze musées et l'organisation d'au moins douze sites archéologiques. Il s'est intéressé à la promotion et à la protection de l'architecture traditionnelle des îles, permettant à Myconos, Paros, Théra, Naxos médiévale de garder une part de leur architecture traditionnelle.

Il s'est illustré dans la fouille de Sellasia de Théra (nécropole en usage du VIIIe siècle à l'époque romaine) et à Naxos, fouilles d'une nécropole mycénienne (1959-1960). Un volume a rendu hommage à cet homme de science et de culture : *Phôs kykladikon*, Athènes, 1999.

*Zigdis Jean* (1913-1997) : comme G. Mavros il a occupé des postes ministériels avant et après la Junte.

*Fig. HS 2* – De gauche à droite, à l'arrière P. Valavanis, A. Délivorias, A. Rizakis, G. Stoyas, N. Stampolidis, M. Pilémonos-Tsopotou, I. Touratsoglou, K. Tsakos. Devant : Ph. Zaphiropoulou, I. Papachristodoulou, X. Kritsas (28/03/2013, cérémonie en l'honneur de X. Kritsas, I. Papachristodoulou, I. Touratsoglou, K. Tsakos pour leur contribution à l'archéologie grecque).

Achevé d'imprimer
en octobre 2021
par l'imprimerie Sepec numérique
à Péronnas (France)

Dépôt légal : quatrième trimestre 2021
Imprimé en France

PEFC 10-31-3532 / Certifié PEFC / Ce produit est issu de forêts gérées durablement et de sources contrôlées. / pefc-france.org